근농 김병호 자서전

버는 것은 기술
쓰는 것은 예술

근농 김병호 자서전

버는 것은 기술 쓰는 것은 예술

초판1쇄 인쇄 2015년 5월 20일
초판1쇄 발행 2015년 5월 26일

지은이 김병호
펴낸이 조인원
펴낸곳 경희대학교 출판문화원

주소 서울시 동대문구 경희대로 26
전화 02-961-0106~8, 팩스 02-962-8840
설립 1960년 9월 16일 제5-8호
등록 1977년 11월 8일 제6-5호
홈페이지 www.khupress.com
전자우편 press@khu.ac.kr

ISBN 978-89-8222-528-4 03990

근농 김병호 자서전

버는 것은 기술
쓰는 것은 예술

김병호

가훈 '勤爲無價之寶(부지런함은 무엇과도 바꿀 수 없는 보배다)'가 담긴 액자 앞에서

카이스트 발전기금 기부에 동참한 아내와 함께

머리말

이 땅의 젊은이들에게

인간에게 태어난 환경環境은 매우 중요하다. 나라의 역사적 상황이나 개인의 집안 사정이 한 개인을 만들기 때문이다. 나는 1941년 전북 부안의 가난한 농촌 마을에서 태어났다. 당시 나라는 일본의 지배를 받고 있었고 국민들은 가난했다. 10세 때에는 6·25 전쟁을 겪었다. 직접적으로 전쟁의 상흔傷痕이 시골 마을에 남진 않았지만, 누구나 할 것 없이 모두 공황恐惶 상태에 빠졌다. 나는 7남매의 장남으로서 부모님과 함께 가족의 생계를 짊어져야만 했다.

내 나이 17세 되던 해, 기울어가는 집안을 일으켜 세우겠다는 의지를 갖고 혈혈단신으로 서울로 상경했다. 식당에서 일하며 차비를 아끼려고 뛰어다녔다. 배고픔을 물로 채우는 날도 많았다. 그러나 힘들다고 울지 않았다. 나에겐 울 만한 여유조차 없었다. 서울에서 해보지 않은 일이 없었다. 닥치는 대로 무슨 일이든 했다. 그렇게 번 돈은 무조건 저금을 했다.

사람들은 나에게 말했다. '구두쇠'라고. 돈을 모으고 사업체도 갖게 되었지만 나는 하루에 3무無를 실천했다. 담배, 술, 커피를 하지 않았다. 이쑤시개 하나를 8조각으로 나눠 쓰고 한 번 산 옷이나 신발은 10년 이상 사용하는 것이 기본이었다. 근검절약勤儉節約과 저축貯蓄은 나에게 공기空氣와 같았다.

사업체가 커지면서 돈을 많이 벌었다. 번 돈으로 땅도 사고 건물도 지었다. 세상 사람들이 부러워하는 부자富者가 되었다. 몸을 아끼지 않고 일을 해서인지 어느 순간 건강을 잃고 쓰러졌다. 뇌졸중이었다. 생生과 사死의 갈림길에서 의술과 아내의 도움으로 다시 새 삶을 살 수 있었다. 몸이 아프고 보니 침대에 누워 있는 시간이 많았고 내 인생을 찬찬히 되돌아보게 되었다.

어린 시절 나는 간절하게 공부가 하고 싶었다. 그러나 가난한 가정 형편 때문에 공부를 하지 못한 것이 가슴 절절히 아파왔다. 또 생각해보니 초등학교 시절 미국에서 구호품으로 보낸 가루 분유와 빵을 먹던 기억이 났다. 어린 나이였지만 누군가에게 먹을 것을 도움받는다는 것은 창피한 일이었다. 또 한편으로는 내가 도움을 받았듯이 언젠가는 남을 도와줘야겠다는 생각을 늘 마음속에 품고 있었다.

서울에 올라와 일을 할 때도, 사업을 시작했을 때도 내 주변엔 항상 나를 도와주었던 사람들이 있었다. 개인이든 다른 사업자이든 금융권이든 서로가 서로를 위하고 어려운 상황에서 벗어날 수 있도록 도와주었다. 그런 사람들이 있었기에 많은 돈을 벌 수 있었다.

나는 한번 결심하면 불도저bulldozer처럼 밀고 나가는 성격이다. 내가 모은 재산을 어떻게 쓸 것인지를 고민하게 되었다. 타인을 위해 될 수 있으면 많은 사람들이 혜택을 받을 수 있다면 좋겠다고 생각했다. 그것은 기부寄附였다. 기부의 처음 시작은 나의 고향 전라북도 부안군 학생들에게 장학금을 기탁하는 것이었다. 기부를 하고 보니 마음이 개운하고 시원하였다. 그 이후 카이스트KAIST 서남표 총장님의 기부에 대한 뉴스를 보고 카이스트에 관심을 갖기 시작하였다. 과학기술의 발전이 국가에 큰 기여를 할 것이라고 생각했고 그것을 공부하는 학생들을 도와주고 싶었다. 나는 과감하게 카이스트에 300여 억 원을 기부하였다. 나중에 아내도 내가 결혼 기념 선물로 준 땅 50여 억 원을 기부하였다.

기부 약정식 자리에서 “카이스트가 세계 최고의 과학기술 인재를 양성해 국민 모두가 잘살 수 있는 나라를 만드는 데 보탬이 되는 것이 내 꿈이다"라고 기부의 소회素懷를 밝힌 바 있다.

갖은 고생과 절약으로 평생 모은 재산을 사회와 나라의 발전을 위해 아낌없이 내놓아야 된다고 믿었던 나와 아내의 숭고한 결단이었다. 이 자리를 빌려 나를 믿고 따라와준 아내와 아들에게 눈물 나게 고맙고 감사한 마음을 전하고 싶다.

내가 살았던 시절 젊은이들은 무無에서 유有를 이루기 위해 죽을힘을 다해야만 했다. 그러나 요즘 젊은이들은 부모님이 어느 정도 이루어놓은 것들 위에서 자신의 삶을 산다. 요즘 젊은이들은 너무 유약해 보이기도 하고 열정과 패기가 없어 보인다. 나는 이 땅의 젊은이들이 큰 목표를 갖고 자신이 갖고 있는 에너지를 마음껏 쏟아내보길 부탁한다.

자신의 인생에 주인공이 되기를 당부한다.
이기적이기보다는 이타적인 사람이 되기를 당부한다.
우리는 모두 함께 모여 사는 서로의 이웃이기에.

'버는 것은 기술이요, 쓰는 것은 예술이다.'

내가 평생 갖고 있던 돈에 대한 소신所信이다. 무릇 돈이란 어떻게 버느냐가 아니라 어떻게 쓰느냐가 더 중요하다는 인간사의 가장 소중한 깨달음이다.

옛 성인 말씀에 "배워서 머리로 아는 것은 아는 것이 아니다. 배운 것을 몸으로 실천하는 것이 진정 아는 것"이라 하였다. 나는 내가 느끼고 배운 것을 몸으로 실천하려 지금도 노력하고 있다.

2015년 5월

노블카운티에서

차례

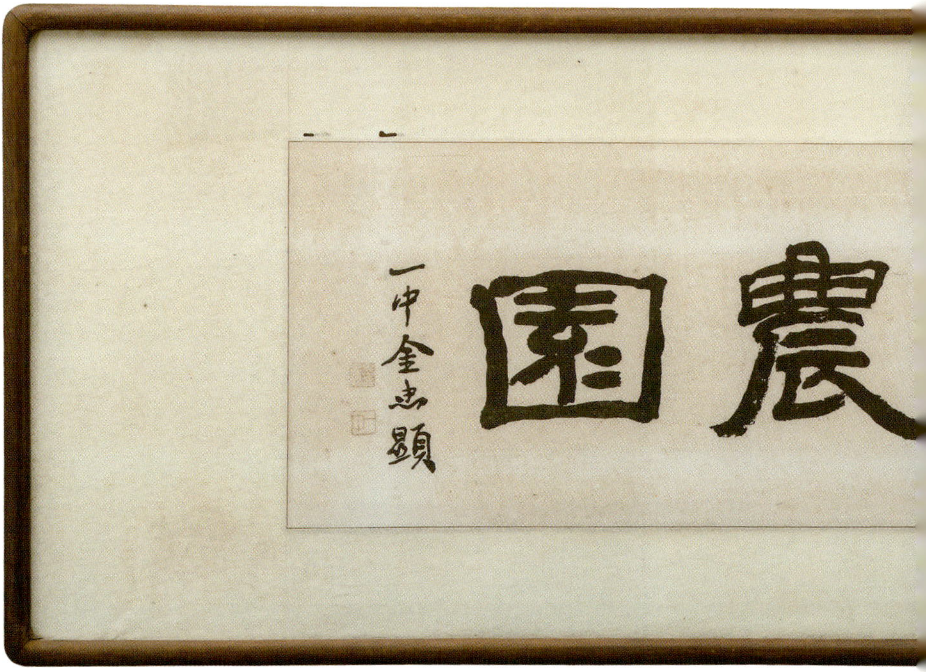

일중(一中) 김충현(金忠顯) 선생님의 친필 휘호 '서전농원(瑞田農園)'

瑞田

서전농원

서전농원의 별장

서전농원의 밤나무 숲

카이스트 김병호·김삼열 IT융합 빌딩

카이스트 명예경영학박사 학위 수여식에서

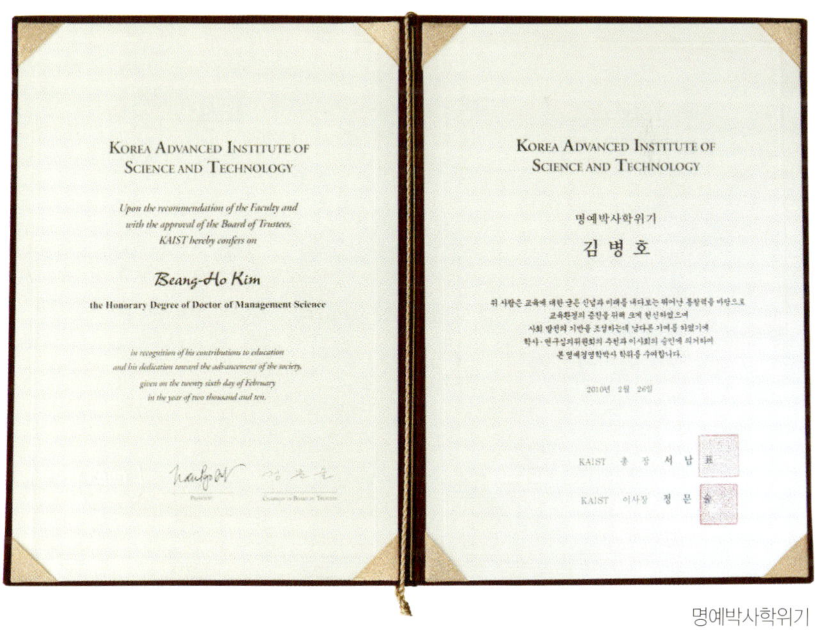

KOREA ADVANCED INSTITUTE OF SCIENCE AND TECHNOLOGY

Upon the recommendation of the Faculty and with the approval of the Board of Trustees, KAIST hereby confers on

Beang-Ho Kim

the Honorary Degree of Doctor of Management Science

in recognition of his contributions to education and his dedication toward the advancement of the society, given on the twenty sixth day of February in the year of two thousand and ten.

KOREA ADVANCED INSTITUTE OF SCIENCE AND TECHNOLOGY

명예박사학위기

김 병 호

위 사람은 교육에 대한 굳은 신념과 미래를 내다보는 뛰어난 통찰력을 바탕으로
교육환경의 증진을 위해 크게 헌신하였으며
사회 발전의 기반을 조성하는데 남다른 기여를 하였기에
학사·연구심의위원회의 추천과 이사회의 승인에 의거하여
본 명예경영학박사 학위를 수여합니다.

2010년 2월 26일

KAIST 총 장 서 남 표

KAIST 이사장 정 문 술

명예박사학위기

훈장 전수식

국민훈장 목련장 제 26481 호

훈 장 증

한국과학기술원발전재단
이사 김 병 호

귀하는 국민교육향상을 통하여 국가사회 발전에 이바지한 공로가 크므로 대한민국 헌법에 따라 다음 훈장을 수여합니다.

국민훈장 목련장

2012년 5월 24일

대통령 이 명 박

국무총리 김 황 식

이 증을 국민훈장부에 기재합니다.
행정안전부장관 맹 형 규

국민훈장 목련장 훈장증과 훈장

카이스트에서 받은 감사패

전북애향운동본부에서 받은 애향상

청와대 행사에서 이명박 대통령 내외분과 함께

카이스트 행사에서 한승수 국무총리님과 함께

카이스트 발전기금 약정식에서 학생들과 함께

김병호·김삼열 IT융합 빌딩 1층에 있는 나와 아내의 동상(호남대 문옥자 교수님의 작품)

MONVMENTA PRIORIS AEVI HIS SEDIBVS COLLOCAVIT
ABBAS HILMI PRINCEPS

유럽 여행

그리스 올림픽 경기장에서

하와이 여행

이집트 여행

아들 내외가 생일날 선물한 명품 디자인 안경과 몽블랑 볼펜

노블카운티 산책로에서 아내와 함께

KAIST
KAIST

제1편

시대의 우울

청년 시절

제1장

나의 고향 전라북도 부안

나는 1941년 전라북도 부안군 보안면 원상림리 시골 마을에서 태어났다. 원상림리는 전형적인 농촌 마을이었다. 마을 뒤편에는 이름 없는 야산들이 병풍처럼 둘러 있었고, 마을 앞 너른 들판에는 작은 냇물이 흘렀다. 사람들은 대부분 논농사나 밭농사를 지었고, 집들은 볏짚으로 엮은 초가집이었다. 20여 가구가 옹기종기 모여 살았다. 동네 길은 흙으로 되어 있어서 비나 눈이 내리면 질척거렸다.

당시에 나의 조부祖父님은 동네 유지有志로 많은 재산과 땅을 소유하고 계셨다. 부잣집의 3남 3녀 중 늦둥이 막내아들로 태어난 아버님은 17세에 한 살 어린 16세의 어머님과 혼인하셨다.

조부님과 백부님, 그리고 아버님

위 사진은 1930년경에 찍은 사진으로 가운데가 조부님이고 조부님 양쪽에 있는 분들은 백부伯父님들, 맨 오른쪽 까만 조끼를 입고 있는 소년이 나의 아버님이시다.

아버지 청도 김씨淸道 金氏 김기오, 어머니 진주 강씨晉州 姜氏 강종현의 7남매 중 장남으로 태어난 나는 대여섯 살까지 조부님 댁에 살았다. 지금도 어렴풋이 기억나는 것이 있는데, 식구들이 전부 짐을 싸 들고 이사를 가는 것이 머릿속에 떠오른다. 3월쯤이었는지 땅이 녹아서 질척거려 고무신 속으로 진흙이 들어왔다. 큰 집을 두고 이사 가는 것이 서러워서 엉엉 울었던 기억이 난다. 훗날에 어머님께 여쭤보니 대여섯 살 때쯤이라고 하셨다.

이사한 집은 토담집으로 방 두 칸에 부엌이 딸려 있고, 마당 한쪽엔 헛간이 하나 있었다. 집 뒤쪽으로는 작은 텃밭과 하늘을 향해 쭉쭉 뻗은 대나무밭이 있었다. 흙집은 흙과 지푸라기를 섞어서 만들어 방바닥이나 벽에서 흙이 부서져 내렸다. 그래도 그 집은 콩기름을 여러 번 발라 굳혀서 흙먼지가 날리지는 않았다.

부잣집 늦둥이로 태어나 별 걱정 없이 자란 아버님은 심약하고 책임감이 부족했다. 17세의 나이에 장가를 들어 자신의 가정을 이루고 분가分家했지만 가족을 잘 보살피지 못하셨다. 아버님이 가장 노릇을 하지 못하시니 토담집으로 이사를 간 이후 점점 살림이 궁핍해졌다. 내가 초등학교에 들어갈 당시에는 끼니를 걱정해야 할 정도로 힘들어졌다.

나중에 어머님께 들은 이야기지만, 당시 큰아버님이 지금으로 치면 수산업협동조합장을 하면서 여러 가지 사업도 하셨던 모양이다. 아버님은 부모님에게서 받은 재산을 모두 큰아버님 회사에 투자하였다. 그런데 투자한 돈을 한 푼도 받지 못

하였다고 한다. 그 충격 때문이었는지 내 기억에 아버님은 자주 집을 비우셨다. 어딘가로 떠나시면 짧게는 6개월, 길게는 2년 후에나 집으로 돌아오시곤 했다.

집에 계실 때는 술을 자주 드셨고 술을 드시면 어머님을 괴롭혔던 기억이 난다. 당연히 가족과 생활을 책임지지 않는 아버님을 어머님은 못마땅해하셨고, 이야기를 하다 보면 자연스럽게 싸움으로 이어졌다. 아버님과 어머님이 싸우기라도 하는 날에는 나는 집에 있을 수 없었다.

일곱 살 즈음이었던 것으로 기억한다. 부모님이 싸우는 것을 지켜보는 것은 너무 괴로웠다. 차라리 내가 죽어버리면 되지 않을까 하고 혼자 걸어서 터덜터덜 냇가까지 갔다. 냇가 깊은 곳에 다다라 흐르는 물을 보며 확 빠져버릴까 하고 생각했다.

당시엔 죽을힘을 다해 가족의 생계를 책임지고 있는 어머님을 괴롭히는 아버님이 미웠다. 그리고 아무 힘도 없이 연약한 내가 싫었다. 죽을까 말까 한참을 망설이다가 그래도 어머님은 내가 곁에서 지켜야 한다고 생각하며 화를 가라앉히곤 했다. 나마저 죽으면 어머님이 너무 슬퍼할 것 같아 차마 죽지 못하였다.

한참을 그렇게 시간을 보내고 집으로 돌아오면 아버님은 집을 나가고 없었다.

집을 나간 아버님은 몇 개월 만에 집에 돌아오곤 했다. 몸이 아파서 돌아오시거나 빚쟁이와 같이 오는 경우도 있었다. 이미 돌아가신 아버님에게 죄송한 이야기지만, 그런 아버님을 보며 나는 절대로 아버님과 같은 가장은 되지 않겠다고 다짐을 했다.

아버님이 없는 집안에서 어머님은 아버지 역할과 어머니 역할을 모두 해야만 했다. 그래서인지 어머님은 다른 자녀들과 다르게 유독 장남인 나를 엄하게 키우셨다. 나는 어머님 말씀이라면 거역하지 않았다. 나라도 어머님 말씀을 잘 들어야 한다고 생각했다.

열 살, 초등학교 3학년 정도부터 어머님을 도와 일을 시작했다. 내 밑으로 어린 동생들이 3명이나 있었다.

나는 어른들처럼 일을 할 수는 없었기에 봄여름에는 주로 집안일을 거들고 겨울에는 땔감을 구하러 다녔다. 가을에는 그나마 쉽게 나뭇잎들을 긁어모을 수 있는데 문제는 겨울이었다.

수북이 쌓인 눈을 푹푹 밟고 동네 야산 위로 올라가서 푸른 소나무 가지를 꺾거나 솔방울을 따서 자루에 담았다. 일을 하고 있을 때면 배가 고파서 어질어질하였다. 음식이라고는 하루에 한 끼, 그것도 호밀 가루에 물을 붓고 나무뿌리나 풀을 넣고 끓인 죽이 전부였다. 풀떼죽이라고 불렀는데 묽은 죽이라 아무 맛이 없었다. 그것이라도 배부르게 먹으면 좋으련만 한 그릇도 채 못 먹을 때가 많았다.

나무를 하다가 너무 어지러워 나무 위에서 떨어져 눈밭을 뒹구는 때도 있었다. 손과 발은 이미 동상凍傷에 걸려서 추운지 어떤지 감각이 없었다. 울고 싶지만 눈물도 나지 않았다. 정신을 차리고 일어나 자루 가득 나무를 해서 그것을 끌고 산을 내려올 때면 산지기에게 들키지 않기 위해 조심해야 했다.

무거운 나무 자루를 질질 끌고 집에 돌아오는 길에는 두 다리가 후들거려서 금방 쓰러질 것만 같았다. 그러나 이를 악물고 집까지 그것을 끌고 갔다. 어머님을 도와드려야 한다는 생각 때문이었다. 가져온 땔감으로 아궁이에 불을 지피는 일도 하였다. 아직 덜 마른 나뭇가지를 태울 때는 매운 연기가 코와 눈으로 들어간다. 눈이 매워서 눈물이 날 정도였다.

한창 자랄 때 못 먹어서 그런지 나는 체격이 작고 몸이 약했다. 야뇨증夜尿症이 있었고 야맹증夜盲症도 있었다. 겨울이면 땔감을 아끼기 위해 방 하나에서 식구들이 도리뱅뱅이처럼 이불 하나를 덮고 자는데, 자고 일어나면 나도 모르게 옷에 실례를 한 적이 있었다. 그 창피함은 이루 말할 수 없었는데, 그래도 어머님은 야단을 치거나 혼을 내지 않으셨다. 갈아입을 옷도 변변치 않아서 그대로 입고 마를 때까지 기다려야 했다.

집에서 4킬로 정도 떨어진 보안초등학교(당시엔 국민학교라 불렀다)를 걸어서 다니고 있었지만 못 가는 날이 많았다. 나 이외에도 마을 또래 아이들 태반이 같은 처지였다. 결석하는 날이 많으니 학업을 따라가기도 힘들었고, 하루 종일 일하느라 해가 저물면 피곤해서 바로 잠이 들었다. 그래도 방학이 되면 마음이 좀 편했다.

초등학교 3학년이 되자 6·25 전쟁이 발발하고 학교는 휴교하였다. 그 후로 나는 3년 동안이나 학교를 가지 못했다.

제2장

정신적 지주 '어머님'

나의 어머님 강종현 여사는 만석꾼 집안의 장녀로 태어났다. 어린 시절부터 서울에서 유학을 하였다고 한다. 종로구 가회동에서 유치원과 제동초등학교, 동덕고녀를 다니셨다. 당시 자녀의 결혼은 집안의 어른들이 결정하던 터라 부모님의 결정을 따라 아버님과 결혼을 하였다. 당시에 여성으로서 드물게 공부를 많이 한 어머님은 성품이 올곧고 굳세신 분이었다.

오른쪽 사진은 젊은 시절 어머님이 친정 식구들과 찍은 사진이다. 앞줄 왼쪽에서 두 번째가 나의 어머님이다.

어머님의 결혼 생활은 순탄치 않았다. 조부님 댁에서 떨어져 나와 아버님과 따로 살림을 나고부터는 그 고생이 이만저만이 아니었다.

어머님과 친정 식구들

아버님이 없는 집안에서 가장 노릇을 해야 했는데, 내가 여덟 살 되던 해에는 어쩐 일인지 할머님도 모시고 살았다. 집안의 가세家勢가 기울어 백부님들이 할머님을 모시지 못한 상황이었을 것이다. 그러니 집안에는 할머니, 어머니, 나와 세 살 아래인 동생 상호, 여섯 살 터울인 여동생 숙현이, 6·25 전쟁이 한창이던 1951년에 태어난 여동생 은숙이도 있었다. 가끔씩 집에 들어오는 아버님까지 7명의 생계를 책임지느라 어머님의 하루는 새벽 4시면 어김없이 시작되었다.

나의 어머님은 바느질 솜씨가 좋아 주로 옷 짓는 일을 하셨다. 동네에 시집가는 아가씨가 있으면 옷을 만들고 신부 옷이나 이불에 수를 놓았다. 남는 자투리 천을 모아 나와 동생들 옷도 직접 지어 입히셨다.

집 뒤에 있는 작은 텃밭에는 반찬으로 먹을 수 있는 마늘, 파, 오이, 가지, 고추, 상추 같은 걸 심었다. 농촌에서 여자가 할 수 있는 일은 한정되어 있다. 어머님이 버는 돈으로는 식구들 하루 한 끼 먹이는 것도 어려웠다.

6·25 전쟁이 한창이던 때에 큰집의 백부님이 끌려가 고문을 당하셨다. 당시 종형從兄과 아버님이 있는 재산 없는 재산 다 끌어모아 백부님을 살리는 데 노력하였다. 그나마 있던 땅도 다 빼앗기고 남은 것이라고는 작은 밭 하나가 전부였다. 어머님은 그곳에 겨울이면 보리를 심고 보리를 걷으면 콩을 심었다. 식구들이 먹고살기에는 너무 작은 밭이었다.

가난해도 어머님은 자존심自尊心이 강하고 체면體面을 중요시하는 분이었다. 워낙 과묵하시기도 했지만, 자녀들 앞에서 아버님의 흉을 본다거나 하는 일도 없었다. 그리고 자녀들 교육에 특히 엄격하셨고 용모容貌를 단정히 하는 걸 원칙으로 삼으셨다. 나와 동생들에게 얼굴과 손발은 항상 깨끗이 해야 한다며 아침저녁으로 씻게 했다. 그리고 봄, 여름, 가을에는 옷을 저녁에 빨았다가 아침에 입히곤 하였다(겨울엔 빨래가

어머님이 사용하신 재봉틀

빨리 마르지 않으므로 며칠씩 옷을 입곤 했다).

동네잔치가 있으면 으레 배고픈 아이들이 모여들기 마련이다. 그럼에도 어머님은 절대 그 근처에 얼씬거리지 못하게 했다. 한번은 어머님 몰래 가서 음식을 얻어먹었다가 들켜서 죽지 않을 만큼 맞았던 기억이 난다.

'대가 없이 남에게서 무언가를 얻어먹지 마라.'

'남이 물을 한 대접 주면 나는 그 물에 설탕이라도 타서 대접해라.'

'어른을 만나면 고개를 숙여 정중하게 인사를 해라.'

'남의 것은 길에 널어놓은 무말랭이라도 갖고 오지 마라.'

'여유가 있다면 항상 남에게 베풀고 살아라.'

어머님이 귀에 못이 박히게 하시던 말씀이다. 나는 어머님 말은 법이라 생각하고 그 말대로 살려고 노력하였다. 동네 어르신을 만나면 큰소리로 "안녕하세요" 하고 인사를 했다. 그래서인지 동네 어르신들 사이에서는 '암치댁'(시골에서는 어머님을 암치댁이라고 불렀다) 애들이 인사도 잘한다고 소문이 났었다. 아무리 배가 고파도 남이 지은 농사에는 손을 대지 않았다. 당시 아이들은 서리를 해서 참외나 수박을 먹기도 했는데, 나는 절대 그런 일을 하지 않았다.

집 뒤쪽 대나무밭 근처에는 감나무가 한 그루 있었는데, 가을이면 감이 익어서 하나둘씩 떨어졌다. 학교 갔다 돌아오면 감나무 밑에 가보는 것이 일과였다. 나는 아무리 배가 고파 먹고 싶어도 꾹 참고 그것을 주워 할머님께 갖다 드리곤 했다. 그럼 할머님은 반을 뚝 잘라 나에게 주었다. 간식도 없던 시절 달달한 홍시의 맛은 지금도 잊지 못한다. 이러한 행동도 어머님의 영향이었다. 음식이 있으면 항상 어른에게 먼저 갖다 드려야 한다고 했기 때문이다.

할머님은 성격이 매우 단순한 분이었다. 어머님이 너무 엄한 훈장 선생님 같았다면 할머님은 친구 같았다. 손주에게 훈육 같은 걸 하시는 성격이 아니었다. 나와 동생들이 어머님에게 혼이라도 나는 날이면 중간에서 말려주시곤 하였다.

나는 할머님을 도와 밭에 콩을 심거나 하는 일을 하였다. 할머님은 밭고랑에 개똥참외와 딸기 같은 것을 심으셨다. 노란 참외가 주렁주렁 매달린 것을 보면서 기뻐하던 게 생각이 난다. 지긋지긋하게 가난이 싫고 어린 나이에 일하는 것은 더 싫었지만, 내가 전원생활을 좋아하고 땅을 좋아하는 것은 아마도 어린 시절에 느낀 수확의 즐거움 때문일 것이다.

어느 해 여름방학이었던 것으로 기억한다. 무슨 일이었는지 세 살 아래인 남동생 상호와 싸웠던 적이 있다. 화가 나서 동생을 한 대 때렸는데, 동생이 그것을 어머님에게 말한 모양이었다. 어머님은 형제지간에 왜 싸우느냐며 매우 화를 내셨고 벌로 하루에 한 끼 먹는 밥을 굶겼다.

하루를 굶자 동생 상호는 얼른 잘못했다고, 다시는 안 그러겠다고 어머님께 빌고 밥을 먹었다. 그러나 나는 어머님에게 빌지 않았다. 나도 꽤 고집이 있어서 내가 잘못하지 않은 것을 어머님에게 빌기 싫었다.

하루를 굶고 이틀을 굶었다. 어머님은 내가 보는 앞에서 내 몫으로 남겨진 죽을 드시면서 일부러 "아, 맛있다" 하고 말하였다. 그래도 나는 그 유혹에 넘어가지 않았다. 배에서는 꼬르륵거리는 소리가 계속 났지만 그냥 참았다. 배가 고파서인지 밤에 잠도 잘 오지 않았다.

이틀을 굶으니 하늘이 노랗게 보이고 어질어질한 것이 정말 죽을 것 같았다. 손도 떨리는 것 같았다. 그래서 어쩔 수 없이 삼 일째 되는 날 어머님께 잘못했다고 빌었다. 그제야 어머님은 나에게 죽을 주셨다. 나중에 어머님에게서 들은 말인데, 당시 어머님은 생으로 굶고 있는 아들을 보고 있으면서 가슴이 미어졌다고 한다. 다만 그 고집을 꺾지 못하면 나중에 더 커서는 힘들어질까 봐 끝까지 굶겼다고 했다. 그만큼 어머님은 독하고 엄격하게 나를 가르치셨다.

한번은 어머님이 주신 돈으로 학교에서 사친회비를 내고 1환이 남았다. 그때 1환으로 눈깔사탕 2개를 사 먹을 수 있었다. 같은 동네에 살던 큰조카가 나보다 한 살이 많았는데, 그 조카가 남은 돈으로 사탕을 사 먹자고 졸라서 사탕을 사 먹은 적이 있다. 달콤한 사탕을 최대한 아껴 먹으며 집으로 돌아왔다. 그런데 어머님이 남은 돈을 달라고 하시기에 없다고 했더니 화를 내셨는데, 아직도 그 표정은 잊을 수가 없다. 어찌나 화가 나셨는지 그날은 회초리로 종아리며 등짝이며 사정없이 때리시는 것이었다. 없는 살림에 학교 보내는 것도 어딘데 돈을 그런 곳에 썼냐면서. 조금 과장하면 두세 시간은 족히 맞은 것 같다.

종아리와 등짝 살이 떨어져 나가는 것 같았다. 너무 아파서

아버님과 어머님

정신이 없는데도 이상하게 때리는 어머님이 밉지 않았다. 눈물 콧물을 흘리며 어머님에게 잘못했다고 빌었다. 내가 빌자 어머님은 때리는 것을 멈추었다. “씻어라”라고 말씀하시고 어머님은 방을 나가셨다. 방을 나가는 어머님의 등이 작고 초라하게 느껴졌다.

어머님은 장남인 나에게 특히 엄하게 대하셨는데, 내 생각에는 동생과 똑같이 잘못했는데도 내가 유난히 더 매를 많이 맞았다. 여러 가지 이유가 있었겠지만 아버님을 의식해서 그러셨던 것이 아닐까 생각한다. 내 아들은 강하고 책임감 있는 사람으로 키우고 싶으셨던 것이리라. 항상 엄하게 대하는 어머님이 싫을 법도 한데 나는 그런 어머님이 불쌍했다. 몇 년 만에 집에 들어온 아버님은 별 도움이 되지 못했고, 같이 살던 할머님마저 치매에 걸려 병 수발을 해야 했다. 5년을 함께 살았는데 돌아가시기 전 2년 정도는 온 가족이 꽤나 힘들었다.

나는 어쩌면 어머님이 우리를 버리고 멀리 도망가버리는 것은 아닐까 하고 걱정했는지도 모른다. 나라도 어머님 말을 잘 들어야 한다고 항상 생각했다. 어머님은 내 마음의 기둥이었으며 정신적 지주支柱였다. 항상 어머님을 본받아야 한다고 생각했다.

아버님이 집으로 돌아오시면 부모님의 싸움이 잦아졌다. 그래도 어머님은 절대 자식들 앞에서는 그런 내색을 하지 않았다. 싸우다가도 밖에서 자식들이 들어오는 인기척이 있으면 말소리를 낮추고 아무 일도 없는 듯 행동하였다. 그래도 장남인 나는 알고 있었다. 어머님이 몰래 울면서 눈물을 훔친다는 것을.

제3장

초등학교 시절

초등학교 3학년에 다니고 있을 때 전쟁으로 휴교령이 내려졌던 학교가 3년 후에 다시 문을 열었다. 나는 12세의 나이로 다시 공부를 이어갈 수 있었다. 처음에는 일하는 것이 싫어 학교에 가서 공부하는 것이 좋았다. 그런데 시간이 갈수록 공부하는 재미에 푹 빠졌다. 정상적으로 들어온 또래 아이들보다 나이도 많고 덩치도 커서 그런지 뭐든 자신감이 있었다. 교실에 앉아 선생님이 하시는 말씀을 한 자도 놓치지 않고 들으려고 집중하였다. 일을 많이 해서 피곤하고 졸릴 때는 허벅지를 꼬집어가며 잠을 쫓았다.

한 학년에 반이 두 개 있었는데 한 반 인원은 60명 정도였다. 졸업할 즈음에는 전체 인원 중 이삼 등을 하였다. 공부에 대한 욕심이 생겨 1등을 하려고 부단히 노력했지만 도저히 1등을 따라갈 수가 없었다. 그 아이는 부잣집 아들이라 가정교사도 있었고 전과나 수련장도 갖고 있었다. 나는 일을 해야 했기 때문에 일주일에 2번 정도 결석을 했다. 그러면 동네 친구의 노트를 빌려 필기를 하고 졸린 눈을 비벼가며 호롱불 아래서 공부를 하였다. 노트가 없어서 종이로 된 비료 부대를 가위로 노트처럼 반듯하게 잘라 그걸 노트 대신 사용하였다. 연필도 항상 몽당연필이었는데 그것도 언제 떨어질지 몰라 조마조마하였다.

6학년이 되어서 장봉익 담임선생님을 만났다. 장봉익 선생님은 잘생긴 얼굴에 키가 크고 풍채가 좋으셨다. 학기 초에 가정방문이 있었다. 선생님이 집에 오시는 날 나는 어찌할 바를 몰랐다. 물밖에는 대접할 것이 없었고, 식구들 많고 가난한 집을 보여주는 것이 너무 부끄러웠다. 그러나 선생님은 아무런 표정 변화 없이 여러 가지를 묻고 돌아가셨다. 나중에 학교에서 나를 따로 불러 상담을 하시면서, 그런 가정환경에서도 학교생활 열심히 하는 나를 대견하다고 칭찬해주셨다.

그 이후 선생님은 여러 가지 많은 배려를 해주셨다. 공부하다 모르는 것이 있어 물어보면 언제든지 자상하게 알려주시고, 학급 일을 맡기기도 하셨다.

가장 기억에 남는 일은 점심시간에 학우들에게 미국에서 온 원조품인 가루 분유를 나눠 주는 일이었다. 점심시간이 되면 몇 명의 다른 학우와 창고에 가서 그날 배급할 분유통을 들고 왔다. 그것을 학생들의 양은 벤또(양은으로 만든 도시락)에 나눠 주었다. 많이 달라고 눈을 찡긋거리는 아이들도 있었고, 조금이라도 더 줄 때까지 버티는 아이들도 있었다. 나는 절대로 정에 이끌리지 않았다. 정확하게 정해진 양을 나눠 주었다.

가루 분유를 나눠 주는 일을 하는 사람은 마지막 마무리까지 해서 남은 것을 창고에 갖다 놔야 하기 때문에 마음만 먹으면 더 가져갈 수 있었다. 그러나 나는 단 한 번도 나에게 정해진 양을 초과해서 가져가지 않았다. 그 이유는 나를 믿고 일을 시킨 선생님의 믿음을 저버리고 싶지 않았고, 학우들에게는 엄격하게 대하면서 나 자신에게만 예외를 둘 수 없었기 때문이다.

당시에 가루 분유는 우리들 사이에서 최고의 영양식이었다. 달달하고 고소해서 그냥 먹어도 맛이 있었지만, 집에 가서 죽을 쑬 때 넣어 먹으면 밍밍하고 맛없는 죽을 맛있게 먹을 수 있었다.

미국 원조 물품 중에서 가루 분유보다 더 맛이 좋았던 것은 과자처럼 바삭거리고 구멍이 두 개 뽕뽕 뚫린 네모난 건빵이었다. 건빵을 받는 날이면 먹지 않고 집으로 가져가 동생들과 나누어 먹었다. 건빵을 달라고 내 주위에 쪼그리고 앉아 제비 새끼처럼 침을 꼴깍꼴깍 삼키는 동생들을 보면 마음이 짠했다. 그래도 동생들 입에 번갈아가며 건빵을 넣어주고 나도 하나 먹을 때면 뿌듯한 기분이 들었다. 파삭파삭하고 고소한 것이 아주 맛이 좋았다.

건빵 봉지에는 야전식량, 군용건빵, 남북통일이라는 말이 한자로 쓰여 있고 커다란 별이 하나 그려져 있었다. 빵이라는 글자는 한자가 없어서인지 한글로 되어 있었다. 그리고 봉지 맨 끝에는 영어로 무언가 쓰여 있었는데, 당시에는 영어를 배우지 않아 무슨 글자인가 하고 유심히 봤던 기억이 난다.

어린 나이였지만, 가난하고 먹을 것이 없어서 다른 나라에서 준 원조 물품을 얻어먹는다는 것이 자존심이 상했다. 미국에서 이런 물품을 준다니 고맙기는 하지만 언젠가는 꼭 갚아야겠다고 생각했던 기억이 난다.

졸업을 앞두고 졸업 사진을 찍는 날이었다. 졸업 앨범을 사는 것은 꿈도 못 꾸던 나는 그날 사진 찍을 생각을 아예 접어두고 있었다. 모두들 사진을 찍기 위해 밖으로 나가는데 나는 교실에 그냥 앉아 있었다.

"김병호, 넌 왜 안 나가냐?"

장봉익 선생님이 나를 향해 말했다.

초등학교 졸업 사진(뒤에서 두 번째 줄 오른쪽 끝)

"선생님 … 저는 사진 찍을 돈이 없는데요."

나는 얼굴을 붉히며 말했다.

장봉익 선생님은 껄껄껄 웃으시고는 말씀하셨다.

"졸업 사진은 찍어라. 사진 찍는다고 돈 안 받아. 나중에 앨범을 사고 싶은 사람만 돈을 내면 된단다."

그때까지 한 번도 사진을 찍어본 적이 없는 나는 사진을 찍는 것에도 돈이 들어가는 줄만 알았다. 선생님 덕분에 나는 당당하고 즐겁게 졸업 사진을 찍을 수 있었다. 아침에 세수를 한 번 더 하고 올 걸 하고 생각하였다.

사진은 멋지게 나왔지만 나는 결국 졸업 앨범을 사지 못했다. 졸업 앨범을 사서 책상 위에 펼쳐놓고 보는 아이들을 부러운 눈으로 볼 수밖에 없었다. 그렇게 초등학교를 졸업하였다.

당시엔 중학교를 가기 위해서는 시험을 치러야만 했다. 당연히 중학교에 진학하고 싶었지만 어머님에게 말을 할 수 없었다. 먹을 것이 없어 끼니 걱정을 해야 하는 집안 식구들을 위해 일을 해야만 했다.

어느 날 장봉익 선생님이 나를 부르셨다. 아이들을 인솔해서 시내 중학교 시험장까지 데리고 가라는 것이었다.

시험 당일 나는 아이들을 데리고 5킬로 정도 떨어진 중학교까지 시간에 맞춰 갔다. 아이들은 학교 안 교실에 들어가 시험을 보는데 나는 빈 운동장 구석에 앉아 있었다. 대부분의 아이들이 다 갖는 기회가 나에게만 없구나 싶어서 속이 몹시 상했다. 가정을 돌보지 않는 아버님을 원망했고 돈이 없어 가난하다는 것이 사람을 이토록 비참하게 한다는 사실을 깨달았다. 억울하고 분했지만 어찌할 방법이 없었다.

나중에 장봉익 선생님이 시험지를 주셔서 혼자 풀어보았다. 선생님과 채점을 하였는데 역사 문제 하나만 틀리고 다 맞았다. 가슴이 찢어지는 아픔을 뒤로하고 학업을 접어야만 했다.

내 나이 열여섯, 2월 졸업식을 하던 날 장봉익 선생님이 나를 따로 부르셨다. 선생님은 나의 등을 다독여주시면서 언제든지 기회가 되면 꼭 공부를 하라고 당부하셨다. 공부를 해야만 사람이 사람답게 사는 거라고. 나는 "네" 하고 힘차게 대답하였다.

그러나 그 이후로 더 이상 학교에서 공부는 못 하였다. 그 대신 나는 책으로 하는 공부보다 이 세상과 맞닥뜨리면서 인생 공부人生 工夫를 열심히 하였다. 얼마 되지 않은 학창 시절에 만난 장봉익 선생님은 오래도록 내 가슴속에 남아 있었다.

나에게는 특별한 선생님으로 남아 있는 장봉익 선생님을 잊지 않고 살았다. 그때 베풀어주신 은혜를 꼭 갚고 싶었다. 그 마음을 항상 마음속에 간직하며 살던 나는 나중에 선생님의 안부를 수소문하였다. 그러던 중 1995년 2월에 금곡초등학교에서 정년 퇴임을 한다는 소식을 듣고 아내와 함께 찾아갔다. 내 나이 55세였다.

얼굴에 주름살이 가득한 선생님은 두 손으로 내 손을 붙잡고 반가워하였다. 소년 시절에 나를 봤던 선생님은 중년이 된 나의 얼굴을 보며 "세월이 무심하다" 하고 웃으셨다. 그리고 자신을 기억하고 이 자리까지 와준 것에 대해 감격해하셨다. 선생님의 얼굴을 보니 그동안 까맣게 잊고 살았던 나의 초등학교 시절이 새록새록 기억났다. 선생님의 애정이 없었더라

장봉익 선생님의 정년 퇴임식

면 그 가난하고 힘들던 시절, 학창 시절의 추억도 없었으리라.

퇴임식이 끝나자 나는 선생님에게 금으로 된 열쇠 5돈을 선물로 드렸다. 그리고 어려운 시절 잘 챙겨주셔서 감사하다는 말도 빼놓지 않았다. 선생님은 다시 한 번 나의 손을 잡고 "고맙네, 고마워" 하시며 눈가가 촉촉해지셨다.

제4장

서울에 대한 열망

2월에 초등학교를 졸업하고 3월이 되자 친구들은 학교에 가는데 나는 다른 집으로 일하러 가야 했다. 지난겨울 아버님께서 서울에서 공부를 하게 해줄 테니 기다리라고 하셨지만, 아무리 시간이 지나도 아버님으로부터는 소식이 없었다.

초봄에는 집 근처에 살던 고모네가 서울로 이사를 갔다. 나는 마음이 조급해졌다. 이곳에서 공부를 더 할 수 없다면 서울로 가서 돈을 벌고 싶었다. 돈을 벌어 가난에서 벗어나고 싶었고 가난을 동생들에게, 또 내 자녀에게 대물림하기 싫었다. 시골에 계속 남아 있어 봐야 남의 집 일을 하는 머슴살이밖에 방법이 없다는 것을 알고 있었다.

어느 날 저녁 식구들이 둘러앉아 저녁을 먹고 있는 자리에서 어머님께 말했다.

"어머니, 서울에 가겠습니다. 차비를 좀 마련해주세요."

동생들도 놀랐지만 어머님은 놀라움보다는 황당한 표정을 지으셨다.

"안 된다. 네가 떠나면 나는 어떻게 살란 말이냐. 죽어도 같이 죽고 살아도 같이 살자."

어머님의 표정은 단호했다. 나는 더 이상 말하지 않았다. 어머님 곁에서 힘이 되어달라는 뜻이란 것을 알았기 때문이다. 그렇지만 나는 서울로 가고 싶은 마음을 접지 않았다. 어떻게 하면 서울로 갈 차비를 마련할 수 있을지 고민하기 시작했다. 서울에 아는 사람이 딱히 있는 것도 아니고, 서울에 가면 일자리가 있는 것도 알 수 없었다. 당시에는 무슨 자신감이었는지, 지금 생각해보면 무모한 일이 아닐 수 없다.

아마도 젊었기 때문에 가능한 일이었을 것이라 생각한다. 그때는 뭐든지 할 수 있는 자신감과 열정이 있었다. 옛 어른들 말씀에 "말은 태어나면 제주도로 보내고, 사람은 태어나면 서울로 보내라"는 말이 있다. 나는 그 말을 믿었다. 서울을 한 번도 가보지는 못했지만 시골 생활보다는 더 나은 삶이 있을 것이라고 생각했다.

언제나 어머님 말씀을 믿고 어머님 말씀이라면 절대적으로 따르는 나였지만, 그때만은 어머님의 말씀을 거역하고 싶었다. 어른들의 말도 꼭 들어야 할 것이 있고 그렇지 않은 것이 있다는 판단이 들었기 때문이다.

당시 세 살 차이인 남동생 상호는 아직 초등학교에 다니고 있었고, 여동생 둘도 어린애들이었다. 내 나이 15세에 태어난 남동생 성호는 두 살이었다. 성호를 낳고 어머님은 산후 조리도 제대로 하지 못하고 일을 다녀야 했다. 1951년 한창 전쟁 중에 태어난 여동생 은숙이는 네 살이 되도록 영양부족으로 제대로 걷지도 못하고 있었다. 당시 어머님의 마음을 이해할 수는 있었지만 더 나은 미래를 위해서는 과감하게 결정을 내려야만 했다.

나는 서울로 가는 차비를 벌기 위해 봄부터 남의 집 일을 하러 다니기 시작했다. 모내기부터 시작해서 밭에 모종을 나르고 심는 일까지 닥치는 대로 일을 했다.

모내기를 끝내고 나면 보리타작이 시작된다. 음력으로 4월부터 시작하니 양력으로는 5월 정도가 된다. 한창 더워질 때다. 나는 원상림리뿐만 아니라 다른 동네까지 보리타작을 하러 다녔다. 보리는 쌀과 달라서 까락이 길고 날카롭다. 까락에 찔리지 않기 위해 긴팔을 입고 수건 같은 걸로 얼굴을 가리고 밀짚모자를 깊게 눌러 썼다. 어른들이 뭘 그렇게 유난을 떠느냐고 한마디씩 하며 웃었다. 일하기 불편함에도 불구하고 얼굴을 가리고 모자를 깊이 쓴 것은 다른 이유가 있었다. 청년기에 접어드는 나이라서 일하러 가는 곳에서 혹시 여학생 동창이라도 만나면 어쩌나 하는 마음이 있었던 것이다. 혹시 얼굴이라도 들키면 창피해서 혼자 얼굴이 벌게졌다.

탈곡기가 돌아가는 큰 소리를 듣다 보면 귀가 멍해진다. 마당에는 먼지가 안개처럼 내려서 숨 쉬기 힘들고 온몸에는 땀이 줄줄 흐른다. 그래도 나는 꾀부리지 않고 어른들 몫만큼 일했다. 일하는 것은 힘들고 고통스러웠지만 일단 일을 할 때는 열심히 최선을 다했다.

보리타작이 끝난 보릿단은 누가 시키지 않아도 묶어서 한쪽에 가지런히 쌓아놓았다. 일이 끝나고 품삯을 받을 때면 일할 때 힘들던 것이 모두 사라지는 것 같은 기쁨이 있었다. 내가 일하는 걸 마음에 들어 하는 어른들은 품삯을 좀 더 주기도 하였다. 나는 거의 매일 근처의 다른 동네까지 원정을 다니며 보리타작을 하였다. 몸이 피곤해서 집으로 돌아갈 때는 걷기조차 힘들었다.

그러나 나에게는 서울로 가야 한다는 꿈이 있었다. 악착같이 차비를 모았다. 그리고 마을 앞 큰길을 따라 정읍 시내까지 걸어갔던 것을 떠올리며 시간을 체크하였다. 정읍역에서 하루에 한 번 서울로 가는 기차의 출발 시간도 알아놓았다. 혹시 몰라 서울로 이사 간 고모님 댁 주소와 고모님의 아들 군산 형님(당시에 군산 형님이라고 불렀다)의 주소를 갖고 있었다.

어머님의 반대를 무릅쓰고 어떻게 떠날 것인가가 가장 큰 고민이었다. 당장 내가 없으면 남겨진 동생들과 함께 어머님이 그 생계를 고스란히 책임져야 했고, 동생들 학비며 집안일이며 눈에 밟히는 것이 한두 가지가 아니었다.

마당에서 꼬물꼬물 철없이 장난치고 있는 동생들을 보면 내가 돌봐야 하는데 하고 마음이 약해졌다. 마음이 약해질 때면 나는 걸어서 냇가로 갔다. 냇가로 가서 흐르는 물을 보며 마음을 다잡았다. 어린 시절부터 보아왔던 산과 들, 그리고 이 냇가를 여기서 늙어 죽을 때까지 보고 싶진 않았다.

하지만 결단을 내리는 게 쉽지는 않았다. 내 가족들과 함께 살 것인지, 아니면 상경을 해야 할 것인지 이삼일 동안 고민에 고민을 거듭했다.

음력으로 5월 5일 단오가 되기 며칠 전 밤이었다. 식구들은 모두 깊은 잠에 빠져 있었다. 나는 어머님 몰래 미영배(목화에서 나온 실로 짠 보자기)에 내 옷가지 몇 개를 쌌다. 그리고 집 뒤편에 있는 대나무 숲으로 갔다. 주위는 컴컴하고 고요했다. 그러나 워낙 어려서부터 다니던 곳이라 그다지 무섭지 않았다. 이제 자란 지 얼마 되지 않아서 잘 휘어지는 대나무 하나를 잡고 맨 끝에 보자기를 묶었다. 그러고는 발소리가 나지 않게 조심조심 다시 방으로 들어갔다.

옷 주머니 속에는 보리타작 기간에 죽어라고 일하고 받은 품삯 760환이 있었다.

제5장

드디어 서울로 가는 기차를 타다

음력 5월 5일 단옷날이었다. 양력으로는 6월 20일경이었던 것으로 기억한다. 상호와 여동생 숙현이는 학교에서 아직 돌아오지 않았고, 은숙이는 어디 놀러 갔는지 집에 없었다. 마루에서 바느질하고 있는 어머님 옆에서 어린 성호는 자고 있었다.

들에 나가서 일을 하고 집으로 돌아온 나는 얼른 씻고 옷을 갈아입었다. 어머님은 나를 보고 "밥 차려주랴?" 하고 물었다. 나는 "아니요, 됐습니다" 하고 집 뒤편의 대나무 숲으로 갔다. 대나무 가지에서 며칠 전에 싸놓은 보자기를 내려 손에 들었다. 망치로 못을 박듯이 가슴이 쿵쾅거렸다.

집 마당 한가운데서 나는 어머님을 향해 인사를 꾸벅하고 소리쳤다.

"어머니, 저 서울 갑니다. 돈 많이 벌어 올게요. 어머니! 용서하세요!"

'어머니' 하고 부르는데 목소리가 떨렸다. 나는 어머님의 대답도 듣지 않고 냅다 뒤돌아서 뛰었다. 집 밖을 나와 신작로를 향해 죽을힘을 다해 뛰었다. 다리가 허공에 둥둥 떠 있는 느낌이었다.

"안 된다. 병호야! 안 된다. 식구들을 두고 어딜 간단 말이냐! 병호야!"

어머님이 뒤따라 뛰어나오며 소리를 질렀다. 아마 신발도 못 신고 뛰어나오셨으리라. 하지만 나는 뒤돌아보지 않았다. 어머님을 보면 마음이 약해질 것 같아서 절대 돌아보지 않았다.

어머님은 나를 향해 소리를 지르며 울었다. 신작로로 접어들자 정읍역으로 가는 방향으로 틀어 무작정 달렸다. 내 뛰는 발걸음을 따라오지 못한 어머님의 목소리가 점점 작게 들렸다.

얼마나 달렸을까? 주위가 조용하고 내 발이 흙길에 부딪치는 소리만 탁탁탁 들렸다. 숨이 턱까지 차올랐다. 숨을 헐떡이며 집이 있는 동네를 돌아보았다. 이미 고향 마을은 보이지 않았다. 절대 울지 않으리라 다짐했건만 눈물이 쏟아졌다. 나는 손등으로 눈물을 훔치며 마음을 가다듬고 시골길을 하염없이 걸었다. 당시엔 대중교통 수단이 없어서 걸어 다녀야 했다.

울퉁불퉁한 길을 뛰다가 걷다가 하면서 몇 번이고 눈가를 훔쳤다. '산길을 걷다가 다음 마을이 나오면 다시 집으로 돌아갈까? 지금 방향을 틀어 다시 집으로 달려가면 해 지기 전에는 갈 수 있을 텐데 ….' 속으로 몇 번을 되뇌었다.

내 생에 겪어보는 가장 큰 이별이었고, 어머님과 가족들 품을 떠나 첫발을 내딛는 순간이었다.

정읍 시내에 도착하자 나는 바로 정읍역으로 향했다. 해가 서쪽으로 저물어가고 있었다. 역 안에는 많은 사람들이 있었다. 사람들 주변에는 짐을 싼 보자기나 나무 궤짝 같은 것들이 사람 수보다 많았다. 나는 서울로 가는 기차표를 끊었다. 작고 네모난 기차표에는 정읍이란 글자와 서울이란 글자가 쓰여 있었다. '드디어 서울로 가는구나.' 나는 기차역 의자에 앉아 망연히 표를 바라보았다. 눈물이 나려는 것을 삼키고 일어나 기차가 오는 철로를 구경하였다.

11자로 뻗은 철로에 어둠이 서서히 내리고 있었다.

밤 7시가 넘어서야 기차를 탔다. 기차 안은 사람들 때문에 발 디딜 틈이 없었고, 짐을 올려놓는 선반 위에는 궤짝이나 보따리들이 빼곡히 자리를 차지하고 있었다. 어두워서 차창 밖 풍경은 보이지 않았고, 처음 타본 기차는 덜컹거리며 서울을 향해 달렸다.

좌석도 없어 기차 한쪽 구석에 자리를 잡고 앉았다. 잠을 청해봤지만 잠이 오지 않았다. 이별의 아픔과 낯선 곳에서의 생활을 생각하니 불안하기도 하고, 또 한편으로는 설레기도 하였다. 잠이 오지 않아 멈춰 서는 정거장 수를 세어가며 아침을 맞았다.

기차가 서울에 가까워질수록 산과 들과 논과 밭 풍경이 사라지고 집이나 건물이 더 많아졌다. 기차가 한강 위를 지나자 가슴이 마구 뛰었다. 사람들은 너도나도 짐칸의 짐을 내리고 옷매무새를 고치며 내릴 차비를 하였다. 나도 덩달아 가지고 있던 보자기를 가슴에 꽉 껴안았다. 꼬박 58개의 정거장을 지나 서울에 도착한 건 다음 날 8시 정도였다.

내 나이 열일곱 살이었다.

기차가 용산역에 도착하자 기다렸다는 듯이 기차 안에 꽉 차 있던 사람들이 우르르 내리기 시작했다. 나는 정신을 똑바로 차려야 한다고 생각하고 사람들이 나가는 통로로 따라 나갔다. 많은 사람들 때문에 이리 밀리고 저리 밀리고 하였다. 나는 밤새 기차 안에서 생각한 대로 무작정 군산 형님 댁으로 찾아가기로 했다. 기차역을 나가기 전에 사람들 틈에서 빠져나와 역무원을 찾았다. 역무원에게 주소를 보여주고 어떻게 가야 하는지를 물었고, 40대로 보이는 역무원은 그런 경우를 너무 많이 겪어서 귀찮다는 표정으로 전차를 타고 가는 길을 알려주었다. 나는 역무원에게 고맙다고 꾸벅 절을 하고 밖으로 나왔다.

처음 본 서울 풍경에 나는 기가 질렸다. 역 앞은 사람들이 버글버글하고 장사하는 사람들도 많았다. 사람들을 헤치고 전차 타는 곳을 향했다. 당시에는 시민들이 이용하는 교통수단이 전차밖에 없어서 전차를 타기 위해서 표를 끊고 긴 줄을 서서 기다려야 했다. 다음 페이지 사진은 전찻길과 전차를 기다리는 사람들의 모습이다.

직접 찍은 사진이 없어서 좀 얌전한 사진을 구했지만, 사진보다 훨씬 사람들로 북적거리고 정신이 없었다. 당시엔 버스나 지하철이 없어서 전차는 대중들이 이용하는 유일한 대중교통 수단이었다.

검은 제복에 모자를 꾹 눌러 쓴 운전수는 정면에 서서 운전을 했다. 서울에서는 보는 것마다 모두 처음 보고 처음 경험하는 것이었다. 나는 시골 사람 티를 내지 않으려고 의연한 척했다.

전차 안에서 바라본 서울 풍경은 그저 놀라울 뿐이었다. 길은 넓고 공중엔 전차의 전깃줄이 거미줄처럼 엉켜 있었다. 2층이나 3층으로 지어진 높은 건물들이 다닥다닥 붙어 있고 자

ⓒ 국가기록원 서울기록관

ⓒ 국가기록원 서울기록관

전찻길(위)과 전차 정거장

동차들도 많았다.

전차는 용산에서 남대문을 지나 종로까지 갔다. 종로에서 내려 사람들에게서 도움을 받아 돈암동선을 타고 지금 서울대병원이 있는 동숭동까지 갔다. 벌써 해는 머리 한가운데 떠 있었다.

군산 형님 댁을 찾아가는 길은 시내와는 완전 다른 산동네였다. 나중에 알게 되었지만, 시골에서 상경한 사람들이 당장 살 곳이 없으니 산을 깎아내고 그곳에 판자로 지은 집들이었다. 바위 위의 따개비들처럼 집들이 다닥다닥 붙어 있었다. 천막으로 지은 집도 있었다. 너른 마당과 집 뒤의 텃밭이 있는 시골집보다 못한 집들이었다. 나는 실망감을 감출 수가 없었다. 과연 이런 곳에서 돈을 벌며 살 수 있을지 걱정되었다.

초여름이라 더워서 땀은 흐르고 어제저녁부터 아무것도 먹지 못해서 배는 계속 꼬르륵거렸다. 몇 번이고 주소를 보여주며 사람들에게 물었다. 산동네는 골목이 왜 그리도 많은지, 이 골목이 저 골목 같고 저 골목이 이 골목 같아서 도무지 찾기가 힘들었다. 점심때가 되어서야 간신히 군산 형님네 집을 찾을 수 있었다. 산동네 한가운데 방 두 개짜리 조그만 집의 방 하나에 형님네 네 식구가 세 들어 살고 있었다.

다행히 집에 있던 형수가 깜짝 놀라며 나를 반겼다. 사정을

1957년 서울의 판자촌

설명하고 잠시 신세를 지겠다고 했더니 형수님은 매우 곤란한 표정을 지었다. 본인들도 세를 들어 사는 형편이라 오래 머무를 수 없다고 했다.

그날 저녁 군산 형님께 부탁을 해서 일자리를 알아보았다.

형님네 식구들과 저녁을 먹는데 나는 너무 배가 고파 허겁지겁 밥을 한 공기 해치웠다. 그것을 보던 형수님이 누룽지를 끓인 것을 나에게 내밀었다. 나는 체면 불구하고 그것도 마저 먹어치웠다. 어찌나 배가 고팠는지 돌이라도 씹어 먹을 수 있을 것 같았다.

지금 생각하면, 그 누룽지는 아마도 형수님 저녁이었을 것이다. 그것을 사양하지 않고 냉큼 먹어치웠으니 얼마나 내가 속이 없다 생각하셨을까? 그래서 나중에 좀 살 만해졌을 때는 형수님께 잘해드렸다. 때때로 용돈도 챙겨드리고 명절이면 좋은 선물을 사서 보내드렸다. 배고픈 시절 형수님의 그 따뜻한 누룽지 한 그릇이 나에겐 큰 힘이 되었다.

서울에서의 첫날 밤. 형님네 식구들이 모두 잠들어 있는 방 한쪽 귀퉁이에서 잠을 청했다. 어젯밤에 기차를 타고 오면서 한숨도 못 자 피곤할 법도 한데 쉽사리 잠이 오지 않았다. 내 걱정을 하며 어머님은 울고 있지는 않은지, 동생들은 어머님 말씀 잘 듣고 있는지 걱정이 되었다. 일어나서 밖으로 나갈까 하다가 형님네 식구들이 깰까 봐 가만히 있었다. 한숨을 쉬는 것조차 눈치가 보였다.

그렇게 나의 서울 생활이 시작되었다.

제2편

불굴의 의지

사업에 눈을 뜨다

제1장

닥치는 대로 일하기

형님 댁에서 이삼일 머물고 현재 서울시 중구에 있는 방산시장 밥집에서 일을 시작했다. 주로 밥을 배달하는 일이었는데 무척이나 힘이 들었다. 문제는 숙식이 가능한 곳이어야 했는데 그것이 해결되지 않았다.

나는 다른 곳에서 일하고 있는 군산 형님에게 다시 일자리를 부탁하여보았다. 당시엔 시골에서 올라온 청년들의 노동력이 필요한 곳이 많았다. 그래서 두 번째로 일을 시작한 곳이 지금의 종로구에 있는 청진동 해장국 골목이었다.

청진동은 조선 시대朝鮮 時代에는 관료官僚와 결탁한 부호들이 살았고, 대한제국大韓帝國 시대에는 부호들을 상대한 기생들이 많이 살아 기생촌으로 널리 알려져 있었다. 지금도 시내 중심가로서 많은 회사와 상점들이 즐비해 있지만, 1950년대 후반에도 그곳에는 공기업이나 회사 사람들, 자영업자, 지게꾼들 등 유동 인구가 많았다. 청진동 골목에는 그들이 먹고 즐길 수 있는 다방, 음식점과 술집, 여관이 옹기종기 모여 있었다.

오른쪽 그림은 1970년대 청진동 골목을 그려놓은 것인데 서울역사박물관에서 구한 것이다. 지금은 많이 변해서 어느 골목이었는지 잘 기억나지 않는다. 전기도 없던 시절이라 낮에도 골목이 어두웠다.

나는 두 여주인이 운영하는 술집에서 일했다. 술집이라고 해서 큰 회관 같은 것은 아니었고 해장국집처럼 생긴 술집이었다. 식사를 해결할 수 있는 음식을 팔았지만 술과 함께 먹을 수 있는 안주 종류가 더 많았다.

어머니보다 나이가 많은 여주인은 이북以北에서 온 분으로 마음 씀씀이가 좋았다. 이북에서 온 여주인을 형님이라고 부르던 이십대 후반의 젊은 여주인이 한 명 더 있었다.

식당에 딸린 방에서 잠도 자고 끼니도 해결할 수 있었다.

나는 새벽 4시면 어김없이 일어나 씻었다. 잠자리에서 졸음을 떨치고 일어나는 일은 매우 힘든 일이다. 그러나 나는 잠에서 깨어 눈을 뜨면 고민하지 않고 상체를 벌떡 세운다. 그러곤

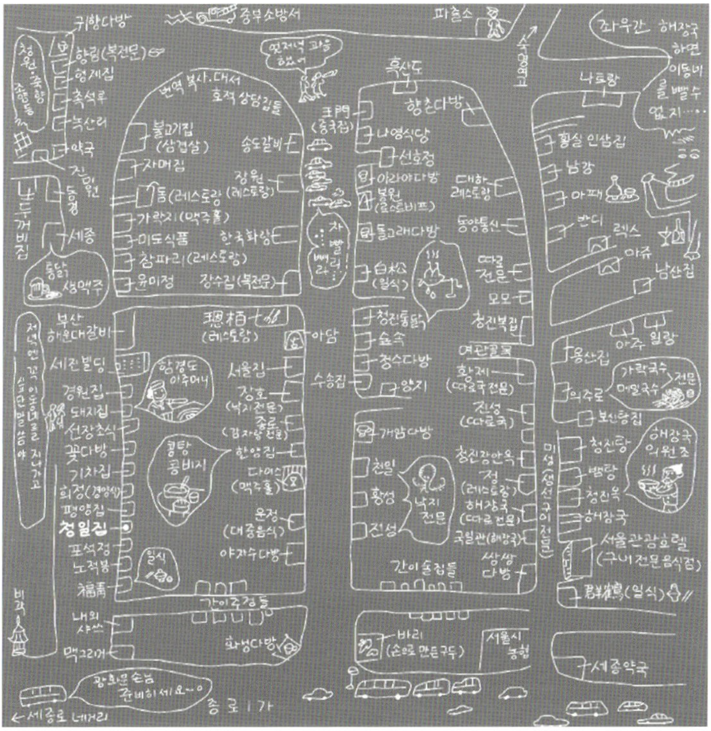

1970년대의 청진동 골목

© 선데이서울/서울역사박물관 제공

찬물로 세수를 하는 것이다. 세수를 하고 나면 정신이 번쩍 들고 잠이 달아난다. 평생 갖고 있는 습관이다. 머리도 감고 가르마를 타 깔끔하게 보이도록 하고 전날 밤에 빨아놓은 옷을 쭉쭉 펴서 입었다. 고무신도 물로 씻어 먼지 하나 없도록 했다. 음식을 다루는 곳이니 항상 깔끔해야 한다고 생각했기 때문이다.

식당 청소를 말끔하게 하고 여주인을 따라 시장에도 같이 갔다. 여주인을 따라다닐 때는 정신을 바짝 차리고 길이나 건물을 외웠다. 도시는 시골과 달라서 길도 여러 갈래고 사람도 많고 건물도 많았다. 잠시만 멍하게 있으면 길을 잃어버리기 십상이었다. 나는 주로 건물의 모양이나 이름을 외워두고 여기가 어디쯤인가를 짐작하곤 했다.

한번은 식료품 가게로 심부름을 갔다가 분명히 간 길로 되돌아왔다고 생각했는데 내가 생각한 그 길이 아니었다. 분명히 큰길에서 골목으로 들어가기 전에 외워두었던 간판이 없었다. 그것은 영화관 간판이었는데 제목은 기억나지 않지만 잘생긴 두 남녀가 서로 뽀뽀를 하기 전 그림이었다. 왔던 길로 다시 돌아가보았다. 계속 같은 곳을 뱅뱅 도는 느낌이었다. 당황스러웠다. 가슴이 콩닥콩닥 뛰고 이제는 시골에 계신 어머님과 식구들도 못 보는 것인가 하고 별생각이 다 났다. 그러나 나는 마음을 가라앉히고 심부름하러 간 식료품 가게를 다시 찾아갔다. 식료품 가게 주인에게 길을 물어 다시 청진동 가게로 찾아올 수 있었다.

가게에 돌아오자 젊은 주인이 왜 이렇게 늦었냐며 핀잔을 주었는데, 창피해서 길을 잃어 늦었다고 말하지 못했다. 아무

말도 못 하고 있는데, 서울에 첨 온 아이들은 으레 한 번씩 겪는 일이라며 젊은 주인이 깔깔거리며 웃었다.

"너, 길 잃어버렸지? 내 다 안다."

나는 보일 듯 말 듯 고개를 끄덕였다. 나는 정신을 바짝 차려야 한다는 것을 깨달았다. 다음부터 심부름을 다닐 때는 더 신중하고 정확하게 길을 외웠다. 그곳에서 일한 지 1년쯤 지났을 때에는 그 근방과 수금을 하러 다닌 서울 곳곳을 거의 외워 눈을 감고도 찾아다닐 수 있었다.

시장에서 사 온 물건으로 음식을 만들 때에는 주방에서 주방 보조로 일을 거들었다. 식재료를 다듬거나 설거지를 하였다. 양파를 깔 때는 눈이 매워 매번 눈물을 흘렸다. 그때 식당 주방에서 일을 한 덕분인지 지금도 웬만한 요리는 할 줄 알게 되었다.

설거지라는 것이 겨울에는 가장 고통스러운 일이었다. 찬물에 장갑도 없이 맨손으로 그릇을 씻을 때면 손이 떨어져 나갈 것처럼 아팠다. 시골에서는 밖에 나가 일을 하고 오면 어머님이나 동생이 밥을 차려주었다. 차라리 그곳이 편했구나 생각하기도 하였다.

장사가 시작되면 손님이 앉은 테이블에 음식을 갖다 나르거나 손님들이 시키는 잔심부름을 했다. 가게는 저녁이 되면 가장 바빴다. 저녁 겸 반주를 하러 오는 사람들이 많았다. 어두워지면 각 테이블마다 초를 켜 불을 밝혔다. 손님들은 술을 마시다가 노래를 부르거나 젓가락으로 테이블을 두드리며 장단을 맞췄다. 대부분 구성지고 처량한 멜로디의 노래였다. '가거라 삼팔선', '단장의 미아리고개' 같은 시대의 우울함을 담은 노래였다.

마지막 손님이 가고 나면 나이가 많은 여주인은 그날의 장사 금액을 계산한다. '왜 이리 외상이 많나' 하는 소리도 가끔씩 들렸다. 당시에는 월급날 준다며 외상으로 먹고 가는 손님이 많았다.

나는 테이블을 정리하고 남은 초를 챙겼다. 거의 꽁다리만 남은 초였다.

"초 남은 것을 가져가도 될까요?"

"어차피 버릴 텐데 가져가거라."

나는 주인에게서 허락을 받고 가게에서 쓰고 남은 초를 내 방에 차곡차곡 잘 모아두었다. 시골에 있는 고향집에 갖다 주고 싶었기 때문이다. 혈혈단신 서울로 올라온 나에겐 다른 방법이 없었다. 무조건 아끼고 절약하고 쓰지 않아야만 돈을 모을 수 있었다. 나는 월급으로 받은 돈은 한 푼도 쓰지 않고 모았다.

ⓒ 서울역사편찬원

서울의 실비 식당

새벽 4시부터 시작된 일과는 밤 12시 정도가 되어서야 끝났다. 그제야 잠자리에 들 수 있었다. 겨우 발 뻗고 누울 만한 단칸방에 누우면 어머님 얼굴이 떠올랐다. 시골에서 일하기 싫어 서울에 올라왔건만 서울 생활은 더욱 고되었다. 새벽 4시부터 움직이며 쉴 틈 없이 일을 하니 온몸이 녹아내리는 것처럼 힘들었다.

어머님이 해주는 밥을 먹고 식구들하고 한방에서 퉁탕거리며 살던 시골로 돌아가고 싶었다. 친구들은 지금 중학교에서 공부하고 있을 텐데 하고 생각하니 나도 모르게 눈물이 났다. 어머님이 너무 보고 싶었다.

서울 생활 1년 정도는 어머님 생각이 나면 한없이 마음이 약해져서 많이 울었다. 고장 난 수도꼭지처럼 눈물이 났다. 서울 생활은 참으로 혹독하고 외로웠다.

서울에서 생활하는 것이 조금 안정이 되자 3개월 뒤쯤 고향에 계신 어머님에게 편지를 썼다. 세상의 모든 자식이 부모님을 안심시키기 위해 그러하듯이, 씩씩하게 잘 있노라고, 걱정하지 말라고 썼다. 보름 후쯤 어머님으로부터 답신이 왔다. 군산 형수님에게서 이미 소식을 들어 모든 사실을 알고 있었다.

어머님의 편지에는 '이왕 서울에 간 것, 꾹 참고 열심히 일하고, 시골에 있는 식구들은 걱정하지 말아라. 밥 잘 먹고 건강하여라'라고 쓰여 있었다. 나는 어머님의 편지를 손에 들고 한참을 울었다. 어머님에게 불효를 저지른 것 같아 마음이 찢어지는 것 같았다.

제2장

구두쇠처럼 아껴야만

1958년 늦여름 서울 생활이 1년쯤 접어들자 나는 더 이상 고향에 돌아가고 싶다는 약한 마음을 먹지 않게 되었다. 마음을 굳게 먹자 더욱 힘이 났다. 매일 반복되는 힘든 일상이었지만 돈을 벌어야 한다는 의지가 더욱 확고해졌다. 그러나 돈을 버는 것은 그리 쉽지 않았다. 당시에 할 수 있는 최선의 방법은 번 돈을 쓰지 않는 것이었다.

숙식이 제공되는 곳이니 그것에 들어가는 돈은 걱정하지 않아도 되었다. 문제는 옷이나 신발이었다. 옷이나 신발은 지금 종로5가와 청계천5가 사이에 있는 광장시장에서 계절별로 딱 한 벌씩만 샀다. 당시 광장시장은 피난민들이 팔러 나온 가재도구나 구호물자, 미군 부대에서 불법으로 흘러나온 물건들이 많았다. 의류는 미군 군복이 대부분이었다. 군복은 튼튼하고 질겨서 한 벌 사면 몇 년이고 입을 수 있었다. 가끔씩 주어지는 휴일에 시장을 구경하는 일은 서울에서 내가 할 수 있는 가장 사치스러운 취미였다.

옷이나 신발을 살 때도 절대 제값을 주고 사는 법이 없었다. 장사하는 사람과 몇 번이나 흥정을 하고도 내가 원하는 값이 아니면 사지 않았다. 그러곤 며칠 후에 또 찾아가서 흥정을 했다. 장사하는 사람은 젊은 청년이 지독하다며 내가 원하는 값에 주기도 하였다. 그렇게 원하는 가격에 물건을 사 올 때면 나는 돈을 벌어 오는 기쁨을 맛보곤 하였다.

사 온 옷은 빨아서 말린다. 그리고 잠들기 전에 반듯하게 접어서 요 밑에 깔고 자면 다림질을 한 것처럼 반듯해진다. 어머님에게서 배운 지혜였다. 나는 항상 같은 옷을 입고 있었지만 깔끔하고 단정하게 보이도록 노력하였다. 그래야 일을 시키는 사람도 좋게 보고, 손님들에게도 좋은 인상을 줄 수 있었다.

항상 성실하게 열심히 일하는 것을 좋게 본 나이 많은 주인이 어느 날 나를 불렀다. 주소가 적힌 종이를 주며 외상 술값을 받아 오라는 것이었다. 주인은 빨리 갔다 오라며 전차 값도 함께 주었다.

내 기억으로 당시 전차 값은 50전 정도였고 왕복으로 1환을

ⓒ 서울역사편찬원

1950년대 서울의 동대문시장

받았다. 주로 명륜동이나 종로, 시청, 서대문 쪽 방향이었다. 여느 때처럼 심부름을 가던 어느 날 전차 안에 앉아 지나가는 사람을 보다가 문득 든 생각이 있었다. 전차의 속도가 워낙 느리고 정거장마다 내리고 타는 사람이 많아 시간을 지체하기 일쑤였다. 차라리 뛰어가는 게 더 낫겠다 싶었다. 그래서 전차비를 아끼고 싶었다.

나는 외상값을 받아 돌아올 때 전차를 타지 않고 전차가 출발하는 시간에 맞춰 뛰기 시작했다. 이미 길은 외우고 있었으므로 전찻길을 따라 달리는 것은 그리 어렵지 않았다. 아직 늦더위가 한창이라 온몸에 땀이 나기 시작했다. 얼굴에 줄줄 흐르는 땀을 손등으로 닦으며 달리기를 멈추지 않았다.

전차는 느린 속도로 달리다가 정거장에 닿으면 많은 사람들을 내리고 태우느라 지체하는 시간이 많았지만, 나는 일정한 속도로 달릴 수 있었다. 가게가 있는 정거장에 도착해보니 전차보다 내가 조금 더 빨랐다.

그때부터였다. 나는 심부름을 가면 전차비를 아끼기 위해 왕복으로 달리기 시작했다. 시간을 허비하면 나를 믿고 심부름을 보낸 주인에게 폐를 끼치는 것이므로 절대적으로 시간을 엄수했다.

처음엔 전차 시간과 뛰는 시간이 비슷했지만 늦가을에 접어들면서 전차보다 내가 훨씬 빨랐다. 나는 뛰어다니는 것에 재미를 붙였다. 건강에도 좋고 전차비도 아껴서 일석이조一石二鳥라는 것을 알았다. 나의 달리기는 청진동 가게를 그만두기 전까지 계속되었다.

나중에 내가 여러 가지 스포츠 중 테니스를 가장 좋아하게 된 것도 다 이때의 경험 덕분이었다. 달리기를 하면 처음엔 조금 힘들지만 점점 몸이 고무처럼 탄력이 생기는 것을 느낄 수 있다. 내 몸이 공처럼 저절로 튕겨지는 것 같다. 그리고 달리면서 땀을 쭉 흘리고 나면 몸이 깃털처럼 가벼워지고 기분은 상쾌하다.

그러나 달리기를 하고 난 후 가장 힘든 점이 있다면 배가 고파진다는 것이었다. 내 돈으로 간식이나 음료수를 사 먹는다는 것은 상상할 수 없었으므로 나는 가게에 도착하면 가장 먼저 물로 배를 채우고 얼굴을 씻었다.

열여덟은 아무리 먹어도 배가 고픈 시기이다. 말은 하지 않았지만 나이가 많은 주인은 내가 심부름만 갔다 오면 땀을 많이 흘리고 헐떡대는 것을 이상하게 생각한 모양이었다. 나중에 전차 값을 아끼려고 뛰어다닌다는 사실을 알고 난 후에는 오히려 그것을 대단하다고 칭찬하였다. 그러곤 식사를 할 때면 양껏 먹으라며 밥그릇에 밥을 넘치게 퍼주곤 하였다. 생각해보면 참으로 고마운 분들이 많았다.

당시에 나와 비슷한 나이에 서울에 올라와 고생하는 청년들이 많았다. 그네들은 월급을 타거나 하면, 서울 구경도 다니고 맛난 음식도 먹어보고 다방에서 커피도 먹고 하였다. 나는 그런 친구들을 볼 때마다 철이 없다 생각했다. 힘들고 어렵게 번 돈을 너무 헛되이 쓰는 것이라고.

생전 가야 정말 지독하게 한 푼도 쓰지 않는 나를 보며 주변 친구들은 물론 가게 주인마저 구두쇠라고 놀렸다. 그러나 나는 오히려 구두쇠란 말이 좋았다. 내가 그만큼 악착같이 돈을 모으고 있다는 뜻이었으니까. 머리 깎는 돈도 아까워 항상 민머리처럼 바짝 깎던 시절이었다. 돈을 번다는 것은 번 돈을 아끼는 것이라는 점을 철칙처럼 믿었다.

제3장

첫 귀향

상경한 지 2년이 지나고 추석 무렵이었다. 1959년이었고 내 나이 열아홉이었다.

서울에 올라온 첫해와 이듬해에는 고향에 내려가지 않았다. 다들 명절 기분에 들떠 귀향을 서두를 때 나는 불 꺼진 가게를 지키며 조용히 보냈다. 골목 안은 가게들도 모두 문을 닫아서 어두컴컴했다. 텅 빈 것처럼 조용한 서울의 밤하늘에 둥근 달이 떠 있었다. 어머님이 더 보고 싶었다. 울지 않으려고 이를 꽉 물었지만 나도 모르게 눈물이 났다. 왜 나만 이렇게 먼 타지에 와서 고생을 하고 있나, 왜 우리 집은 이렇게 가난한가 하고 생각했었다. 꽤나 우울하게 보냈던 기억이 난다.

1959년 추석 무렵, 이번에는 꼭 내려가리라 하고 준비를 하였다. 그동안 가게에서 쓰고 남은 초를 차곡차곡 쌓아서 보자기에 쌌다. 꽤 무거운 양이었다. 그리고 뭘 사 가면 좋을까 하고 며칠을 고민하였다. '먹을 것을 사 갈까, 옷이나 신발을 사 갈까?' 시장에 갈 때면 사람들은 무엇을 사는지 유심히 지켜보기도 하였다.

며칠을 고민한 후에 광목廣木 한 필을 샀다. 한 필이 40마였으므로 가족들의 옷이나 이불로 사용할 요량이었다. 다른 무엇보다 가족들에게 요긴하게 쓰일 것이라고 생각했다.

고향으로 향하기 전날 옷과 신발을 깨끗이 빨아서 말렸다. 잠을 자려고 노력해보았지만 내일이면 어머님과 동생들을 볼 수 있다는 생각에 잠이 오질 않았다. 그동안 소식을 들어 알고 있었지만, 내가 없는 사이 여동생이 또 태어나서 밑으로 동생만 5명이었다. 녀석들의 모습이 얼마나 변해 있을까 생각하니 절로 입가에 미소가 번졌다.

드디어 고향을 향해 기차역으로 출발하였다. 5월 5일 단오에 서울로 올라왔으니 2년여가 지난 후였다. 당시에는 지금처럼 예약을 하는 문화가 없어서 무작정 기차역에 가서 기다렸다가 표를 샀다. 운이 좋아 일찍 가면 좌석에 앉을 수 있지만 대부분은 입석立席이었다. 워낙 시골에서 서울로 올라온 사람들이 많아서 그때부터 명절이면 귀성歸省 전쟁은 시작되고 있

© 조선일보

귀성객들로 붐비는 서울역 광장

었다.

위 사진은 1959년도 추석 무렵 서울역 광장 사진이다. 기차표를 사기 위해 역 안쪽은 말할 것도 없고 역 밖까지 사람들이 줄을 서서 기다렸다. 그야말로 전쟁이었다.

다들 멋을 내느라 남자들은 대부분 흰 와이셔츠에 바지를 입고, 여자들은 한복 저고리에 치마를 입었다. 원피스를 입은 여성도 보이는데 이는 서양 복식의 문화가 들어오고 있다는 증거이기도 하다.

반나절을 꼬박 줄을 서서 기차표를 끊고 기차를 탔다. 기차가 하루에 한 번 정도 다니는 건 여전해서 해 질 무렵이 되어서야 탄 기차는 그야말로 발 디딜 틈이 없었다. 잠시라도 쉬고 싶은 젊은이들은 짐칸에 올라가 몸을 뉘이곤 했다. 그렇게 또 밤을 새워 정읍역에 다다랐다. 서울에 처음 올라갈 때의 기억이 새록새록 떠올랐다.

눈에 익은 정읍역에 도착하자 기뻐서 노래가 절로 나왔다. 그해에는 추석이 좀 빨랐던 모양이라 아침부터 몹시 더웠다. 날씨 때문만이 아니라 양초와 광목 한 필을 이고 지고 있으니 걷기조차 힘이 들었다.

기차역을 빠져나오니 시골에서만 맡을 수 있는 자연의 냄새가 났다. 나는 코를 킁킁거리며 설레는 마음으로 버스 터미널을 향했다. 원상림리로 가는 버스를 기다리는 동안 나의 마음은 벌써 고향집에 가 있었다. 어머님에게 큰절을 하고 동생들과 같이 둘러앉아 밥 먹을 생각을 하니 지루한 줄도 모르고 버스를 기다렸다.

드디어 버스가 도착하였다. 버스가 달리는 시골길은 엉망이었다. 하루 전에 비가 억수로 많이 내려서 군데군데 물웅덩이가 깊이 파여 있었다. 덜컹거리는 버스 안에서 넘어지지 않으려고 손잡이를 꽉 잡아야 했다. 그래도 나는 기뻤다. 차창 밖으로 논과 밭이 보이고 정겨운 시골 풍경이 펼쳐져 있었다.

한참을 달리던 버스가 갑자기 멈춰 섰다. 버스 기사가 자리에서 일어나 길이 엉망이라 더 이상 달릴 수가 없으니 모두 내려달라고 했다. 승객들이 말도 안 된다, 이게 뭐냐며 아우성을 쳤지만 소용이 없었다. 나는 어쩔 수 없이 초가 가득 든 보자기와 광목을 어깨에 메고 버스를 내렸다. 내리고 보니 버스가 도저히 갈 수 없을 정도로 길이 엉망이었다.

당시에는 모두 흙길이라 비가 오면 커다란 웅덩이가 움푹 파였다. 깊은 웅덩이에 바퀴가 빠지면 버스가 오도 가도 못하기 때문에 더 이상 운행을 할 수 없다고 생각했던 모양이었다. 한 사람도 남김없이 승객들을 내려놓고 버스는 왔던 길을 되돌아갔다.

나는 짐을 들고 족히 6킬로 정도를 걸어갔다. 신발은 이미 진흙이 묻어 엉망이고 몸에서는 땀이 비 오듯 했다. 그래도 멀리 고향 마을이 보이자 나는 뛸 듯이 기뻤다. 없던 힘이 생겨나는 듯했다.

드디어 고향집에 도착했다. 마당에서는 열세 살이 된 여동생 숙현이가 이제 태어난 지 얼마 되지 않은 두 살 동생을 업고 수돗가에서 나물을 씻고 있었다. 마루에 엎드려 있던 아홉 살 은숙이와 다섯 살 성호가 집으로 들어서는 나를 멀뚱히 쳐다보았다.

"어머니!"

그렇게도 불러보고 싶었으나 마음속으로만 불렀던 어머니를 부르며 마당으로 들어섰다. 숙현이가 나를 먼저 알아보고 "오빠!" 하고 달려왔다. 다른 동생들은 내가 어색한지 어찌하면 좋을지 모르겠다는 표정이었다. 나는 짐을 내려놓고 동생들 이름을 부르며 많이 컸다고 얼굴을 쓰다듬어주었다.

시골은 추석 즈음이 가을걷이로 가장 바쁜 시기라 어머님과 동생 상호는 일을 나가고 없었다. 어스름한 저녁이 되어서야 밖에서 일하고 돌아온 어머님은 나를 보자마자 내 손을 잡고 우셨다. 나도 덩달아 어머님과 함께 한참을 울었던 기억이 난다.

방 안으로 들어가 인사를 올리고 그간의 사정을 말씀드렸다. 어머님의 얼굴에 그새 주름이 늘어난 것 같았다.

"병호 너라면 잘할 줄 알았다. 그래서 걱정 안 했다. 상호 저것도 어느 날 형이 없어지니까 이가 없으면 잇몸으로 산다고 알아서 다 하더라. 네가 하던 일 다 해내고 그동안 동생들도 잘 돌봤다."

어머님 곁에 앉아 있던 상호가 나를 보며 싱긋 웃었다. 못 본 사이 상호도 꽤 의젓해져 있었다.

몇 년 만에 식구들과 둘러앉아 저녁을 함께 먹었다. 밥도 꿍 보리밥이고 반찬은 몇 가지 없었지만 꿀맛이었다. 걱정하던 것과는 다르게 식구들이 다들 잘 지내고 있어서 안심이 되었다. 아버님은 역시 부재중이었다. 어디에 계시는지 어머님도 소식을 알지 못했다.

밤이 늦도록 동생 상호와 이야기를 나누었다. 상호도 벌써 열여섯 살이었다.

"형, 나도 서울로 갈까 봐. 어디 지낼 곳 좀 알아봐주라."

상호가 졸린 눈을 비비며 말했다. 나는 상호가 서울에 같이 있으면 좋겠다고 생각했지만 아직은 어머님을 도와드리는 게 더 좋을 것 같았다. 동생들이 아직 너무 어렸기 때문이었다.

"조금만 기다려 봐. 내가 봐서 연락할게."

"알았어, 형. 꼭이야. 꼭 연락해야 돼!"

그렇게 상호와 약속을 하고 잠이 들었다.

다음 날 아침 일찍 일어나 아침을 먹고 식구들과 일을 하러 갔다. 추수할 때라 명절 아침이라고 쉴 수가 없었다. 일손을 조금이라도 보태야만 했다. 어린 동생들은 그래도 동네 아이들과 어울려 자치기도 하고 연도 날렸다. 제법 추석 명절 분위기가 났다.

들판으로 나온 나와 상호는 낫으로 벼를 벴다. 일을 마치고 해 질 녘이 되어서는 상호와 함께 뒷산으로 나무를 하러 갔다.

산으로 올라가서 갈퀴로 마른 나무와 솔방울을 긁어모았다. 가벼운 나뭇가지는 낫으로 쳐서 베어냈다. 이제는 덩치가 커서 그런지 낫으로 나무를 쳐내는 일이 그다지 힘들지 않았다. 땔감을 집 뒤란에 차곡차곡 쌓아놓으니 기분이 좋았다. 그렇게 하루를 더 보내며 일을 했다.

추석 연휴가 끝나고 가족들과 헤어져야 할 시간이 다가오고 있었다. 그해에 고향을 떠나올 때는 어머님과 동생들의 환호를 받으며 기쁨의 이별을 하였다. 2년 전에 도망치듯 고향을 떠났던 것을 생각하면 참으로 감회가 새로웠다.

정읍역으로 가는 버스 안에서 나는 다짐을 하였다. '서울에서 꼭 성공하리라.' 아버님을 대신해서 어머님과 5명의 동생을 책임져야 한다는 생각이 강하게 들었다. 나와 스물세 살 차이가 나는 여동생 민숙이가 태어나기 전이었다. 민숙이는 나중에 식구들이 서울로 이사하고 나서 태어났다.

나는 비록 가정 형편이 어려워서 공부를 못 했지만 동생들은 공부도 가르치고 결혼도 시켜야 했다. 3남 4녀, 7남매의 장남이라는 무게는 생각보다 엄청난 것이었다.

제4장

열아홉, 첫 사업장을 열다

고향에 다녀온 후 나는 결심을 하였다. 남의 가게에서 일하고 받는 월급으로는 내가 생각한 대로 식구들을 거둘 수 없었다. 가게를 차려 장사를 해야겠다고 생각했다.

청진동 가게에서 2년 동안 장사에 대해 많은 것을 배울 수 있었다.

주인은 언제나 종업원들보다 부지런해야 하고, 손님들을 잘 상대해야 하고, 그리고 거래처와의 신용을 잘 지켜야 한다는 것이었다. 그러나 당장 무슨 사업을 어떻게 해야 할지 애매하기만 했다. 사촌 형님이나 서울에 올라와 있는 다른 친척들을 찾아뵙고 조언을 구하였다. 특히 틈만 나면 시장에 나가 둘러보며 어떤 장사를 하면 좋을까 하고 고민하였다.

그러다가 어딜 가나 기름은 꼭 필요하다는 사실을 깨닫게 되었다. 기름은 구하기도 어려웠지만 귀한 만큼 비싼 가격에 팔 수 있었다. 할 수 있다면 기름 장사를 해야겠다고 생각하면서 기름은 어디서 구할 수 있는지, 판매하려면 얼마나 큰 가게를 얻어야 하는지 알아보고 다녔다.

당시 청진동 가게를 그만둘 때 내가 저금한 돈은 2,000환이었다. 지금 돈으로 환산하면 300~400만 원 정도이리라. 나는 아낄 때는 구두쇠 소리를 들어가며 아끼지만 뭔가 해야겠다고 마음먹으면 주저하지 않고 실행에 옮기는 성격이다. 그래서인지 나는 당장 실행에 옮기기로 하고 11월 말경에 가게를 그만두겠다고 청진동 가게 주인에게 말하였다. 나이가 많은 주인은 매우 안타까워했다. 적은 월급에 나처럼 1인 4역(청소, 주방 보조, 홀 서빙, 외상값 수금)을 해주는 이가 없다고 하면서.

그 가게를 그만두고 나올 때, 어머니처럼 대해주던 나이 많은 주인에게 큰절을 하고 나왔다. 주인아주머니는 내 손을 꼭 붙잡고 어딜 가든 건강하고 꼭 성공하라고 말해주었다. 나는 나중에 꼭 찾아뵙겠다고 이별의 인사를 했지만 그 이후로 한 번도 뵙지 못했다. 나이가 들어 마흔 즈음에 찾아간 적이 있었는데 가게는 이미 사라지고 없었다.

본격적으로 내 사업에 대한 그림을 현실로 옮기기 위해 동분서주東奔西走 뛰어다녔다.

우선 가게 자리와 살 집이 필요했다. 사촌 형님 집이 있던 동숭동에서 의정부 방향으로 가다 보면 얼마 못 가 미아리고개가 있다. 미아리고개 좌우측으로도 산동네가 많았는데, 동숭동 산동네와 마찬가지로 전쟁 중에 북에서 내려온 실향민들이나 시골에서 상경한 사람들이 산동네에 집을 짓고 살아서 형성된 동네였다.

먹고 자는 것은 최대한 아껴야 했기에 미아리고개 송천동 근처에 있는 지인의 집에 사글세를 얻었다. 작은 식당을 하고 있어서 밥은 그곳에서 해결했다. 기름을 다른 집보다 조금 저렴하게 준다는 조건이 있었다. 거처를 구하고 집에서 가까운 곳에 가게를 얻었다.

이름은 거창하게 '대한 모비루'로 지었다. 그때 내 나이 열아홉의 막바지에 있었다.

'모비루'는 당시 사람들이 흔히 사용하는 말이었는데, 영어 mobile oil의 일본식 발음이 모비루였다. 당시엔 일본어와 한자, 영어, 한국어가 마구 섞여 사용되었다. 원래는 엔진유油의 일종으로서 자동차 엔진용 윤활유를 뜻하는 것인데, 기름 전체를 그렇게 부르기도 했었다.

누구나 첫술에 배부를 수는 없다. 사업을 시작하고 간판까지 내걸고 나니 한편으론 뿌듯하고 한편으론 불안감이 엄습해왔다. 우선 기름을 구하는 일이 급선무였다. 기름 장사를 이미 하고 있는 사람들을 따라다니며 기름을 사기 위해 뛰어다녔다. 당시 기름은 미군 부대에서 나오는 군수품이었다. 미군이나 미군 기지에서 일하는 한국 사람들이 빼돌려 판 기름을 구입해야 했다.

새벽 3시면 일어나 자전거를 타고 신설동으로 간다. 신설동에는 불법으로 기름이 유통되는 곳이 여러 곳 있었다. 기름통 가득 기름을 싣고 빠져나올 때는 더욱 조심해야 했다. 큰길이나 도로변에는 미군 헌병이나 경찰관이 지키고 있었다. 그래 큰길을 피해 산길로 자전거를 끌고 올라갔다. 겨울이 한창이라 언 땅을 올라가는 일은 이만저만 힘든 일이 아니었다. 많게는 20리터 5통을 한꺼번에 싣고 다니기도 했다. 그때는 죽기 아니면 까무러치기였다. 내가 갖고 있던 돈을 모두 투자했기 때문에 다른 방법이 없었다. 산길을 오르다 미끄러져 자전거가 넘어지기도 하였다. 다행히 기름통이 깨지지는 않아서 그 추위에 언 손을 비벼가며 기름통을 다시 자전거에 실어야만 했다. 그렇게 가져온 기름은 일반 가정집에도 배달하고 상점이나 작은 회사에도 배달하였다. 배달할 때는 세수를 깨끗이 하고 옷도 깔끔하게 갈아입었다.

기름은 동이 트기 전 새벽이나 늦은 밤에 사 왔다. 그래야만 걸리지 않을 수 있었다. 대부분 밤에 기름을 사러 가는데, 혼자 가는 것이 아니라 기름 장사를 하는 사람들 여럿이 모여 다녔다. 어린 시절부터 야맹증이 있어서 밤이면 밖에 다니지 않으려고 조심했지만 내 사업을 하고 보니 물불을 가릴 형편이 못 되었다.

한번은 기름을 사서 자전거에 싣고 일행들 맨 끝에서 달리고 있었다. 그런데 뒤쪽에서 불빛이 번쩍번쩍하는 것이 아닌가? 나는 경찰이 우리를 잡으러 쫓아오는 걸로 착각하고 죽어라고 자전거 페달을 밟았다. 기름통은 출렁거리고 생각만큼 속력은 나지 않고 속이 타들어갔다. 그러다가 고장 난 트럭이 도로변에 서 있는 것을 뒤늦게 발견하고 아차 싶었다. 본능적으로 자전거를 넘어뜨리고 최대한 몸을 웅크렸다. 나는 그때 죽는 줄만 알았다. 정신을 차려보니 트럭 밑으로 들어가 있었다. 엉금엉금 기어서 트럭을 빠져나왔다. 자전거는 두 바퀴가 박살이 났고 기름통은 저만치서 나뒹굴고 있었다. 몸이 아픈 것은 둘째 치고 나는 기름통부터 챙겼다. 기름통이 깨져서 없어져버리면 그만큼 손해를 보기 때문이었다.

집에 돌아와보니 팔다리가 안 까진 곳이 없었다. 급한 대로 물로 몸을 씻었다.

다음 날에는 몸이 안 아픈 곳이 없었다. 근육이 욱신욱신 쑤시고 열이 났다. 그래도 나는 병원에 가거나 약을 사 먹지 않았다. 그냥 시간이 지나면 낫겠거니 하고 일체 그런 곳에 돈을 쓰지 않았다.

장사하는 것은 정말 만만치가 않은 일이었다. 그렇게 힘들게 기름을 사서 가게 안에 보관하고 있으면 경찰관들이 와서 단속하는 날들도 있었다. 단속에 걸리면 그동안 사서 모아놨던 기름을 모두 뺏기기 일쑤였다. 기름을 뺏기지 않기 위해 아는 동네 사람의 창고에 보관해두었던 적도 있다. 그러면 나를 위해 창고를 빌려주었던 주인까지 벌금을 물곤 하였다. 나만 열심히 잘하면 될 줄 알았던 사업이 그리 호락호락하지 않다는 것을 뼛속 깊이 맛보곤 했다.

돈이 좀 벌린다 싶으면 이런 식으로 새어나가곤 했다. 나는 그럴수록 더 악착같이 돈을 모았다. 힘들다고 포기하면 아무것도 할 수 없다고 생각했다. 그럴수록 번 돈은 쓰지 않고 저금하였다.

한번은 푹푹 찌는 한여름 새벽에 무리들과 함께 기름을 사러 간 적이 있었다. 기름통을 자전거에 싣고 산길을 넘어오니 오죽이나 힘이 들었겠는가? 아침도 먹지 못한 상태라서 허기

ⓒ 조선일보

냉차나 미숫가루를 팔던 노점

가 지고 목이 말랐다. 땀은 줄줄 흘러 옷을 적셨다.

가게 앞에 당도할 즈음에는 해가 높이 떠 있었다. 같이 간 사람들은 목이 마르다며 가게에 들러 냉차를 사서 마셨다.

냉차라고 해야 시원한 물에 사카린(당시 일본에서 들여온 설탕)을 타서 주는 것이 전부였다. 사람들은 냉차 한 잔을 사서 마시거나 식사 대신 미숫가루를 한 잔 사서 마셨다.

다른 사람들이 모두 냉차를 한 잔씩 사 먹어도 나는 절대 사

먹지 않았다. 조금만 더 가면 집에서 물을 마실 수 있는데 돈을 들여 설탕물을 사 먹는 것이 아까웠다. 그런 나를 보고 사람들은 지독하다고 말했다. 그러나 사람들이 나에게 뭐라고 하든 나는 신경 쓰지 않았다.

시베리아 빙판처럼 춥고 혹독한 서울 생활을 홀로 이겨내려면 아끼고 저축하는 길밖에 없었다. '돈을 벌기 위해 죽어라고 일하고 한번 내 손에 들어온 돈은 절대 쓰지 말자.' 이것이 나의 철칙이었다.

사람들이 시원하게 냉차를 들이켜는 것을 뒤로하고 나는 가게로 향했다. 목이 쩍쩍 논바닥처럼 갈라지는 고통이 밀려왔지만 굶고 참는 것에는 자신이 있었다. 그렇게 참고 가게에 도착해서 마시는 물 한 모금의 소중함을 그 누가 알겠는가? 그래서 나는 인내와 고통 후에 오는 보상이 얼마나 달콤한지를 일찍 깨달았다.

제5장

시련은 계단처럼 밟고 올라가는 것

너무 어린 나이에 사업을 시작한다는 것이 무리였을까? 혼자 감당하기에는 참으로 벅찬 나날들이었다. 경찰들 단속에 걸리면 죽을힘을 다해 사 온 기름을 빼앗기기 일쑤고, 외상으로 기름을 준 사람들 중에는 어느 날 갑자기 이사를 해 사라져버리곤 하는 이도 있었다. 그래도 개인이 못 갚은 외상값은 불쌍한 사람 도와줬다고 생각하면 마음이 편했다.

큰 타격은 장사하는 사람들이나 회사를 상대로 할 때였다. 길음동 쪽에 꽤 큰 규모의 봉제 공장이 있었다. 겨울에는 다른 계절보다 기름이 훨씬 많이 필요하다. 주문이 들어오면 기름을 갖다 주고 장부에 날짜와 기름 양, 받을 금액을 기재한 후 사장님에게서 사인을 받는다. 그리고 매월 말일경에 한 달 치

금액을 한꺼번에 정산하곤 했다. 그런데 그 회사가 석 달이 지나도록 결제를 못 하는 상황이 되었다. 나는 더 이상 기름을 대줄 수 없다고 하고 외상값을 받기 위해 이삼일에 한 번꼴로 찾아갔다. 결국 봉제 공장 사장은 어느 날 갑자기 가족들과 몰래 야반도주夜半逃走를 하고 말았다. 무리하게 공장을 키우느라 사채를 썼는데 결국 그것이 탈이 났다는 것이다. 나중에 월급도 못 받은 직원들에게 들은 이야기다.

터덜터덜 걸어서 봉제 공장이 있던 골목길을 빠져나왔다. 봄이 한창이어서 날씨는 따스하고 어디선가 라일락 향기가 나는 것도 같았다. 골목 어귀에서는 아주머니 서너 명이 마늘을 까고 있었고, 그 옆에서 때가 꼬질꼬질한 아이들이 돌을 가지고 재미나게 놀고 있었다. 나만 빼고 세상의 모든 사람들이 행복하게 사는 것만 같아 억울했다. 아무리 열심히 살아도 이런 어이없는 일이 생겨버리면 어쩌란 말인가?

아마 그때 처음으로 절망감을 느꼈던 것 같다. 돈을 받기 위해 어떻게 하면 좋을까 여러 가지를 생각해보았지만 딱히 좋은 방법이 없었다. 내가 하고 있는 일이 불법이니 경찰에 신고할 수도 없었고, 도망간 사장을 잡으러 쫓아다니자니 당장 하는 일을 접어야만 했다.

며칠을 고민하며 지냈는데 밥도 잘 넘어가지 않았다. 같이 기름 장사를 하는 나이 드신 어른에게 상담을 했더니 그분은 나보다 더한 일들이 수두룩하다며 이야기를 늘어놓았다.

“중요한 건 말이여, 그놈들 욕하다가 내가 다치면 안 된다는 거여. 어쩌겠는가, 당장 내일 또 일하고 먹고살아야제. 죽지 않을라면.”

충청도 분이었는데 마지막으로 이런 이야기를 해주었다. 집에 돌아와 자기 전에 그 어르신이 해준 이야기를 곰곰이 생각해보았다. 결론은 ‘잊어라, 그리고 오늘을 살아라’였다. 생각해보면 내가 밥도 못 먹고 고민만 한다고 해결되는 것은 아무것도 없었다. 안 좋은 일은 이미 일어났고 그 일에 대해 마음을 어떻게 먹느냐가 중요하다는 뜻이었다.

‘포기는 빠를수록 좋고, 안 좋은 일은 빨리 잊을수록 좋다.’

그렇게 정리를 하고 나니 조금은 억울하고 분한 마음이 가라앉았다. 어쩌다 생각하면 울화가 치밀었지만 그것도 시간이 지나면서 점점 없어졌다.

다음 페이지 사진은 기름 장사를 시작한 지 3~4년 정도 지난 뒤의 모습이다. 가게 앞에서 폼을 잡은 모습이 좀 여유가 있어 보인다. 아마 서울에 올라와서 처음으로 멋지게 찍어본 사진이 아니었나 생각한다. 나는 항상 저렇게 머리부터 발끝까지 깔끔하게 하고 다녔다. 힘든 일을 한다고 함부로 잠바를

기름 장사를 하던 시절

걸치거나 씻지도 않는 신발을 신거나 하지 않았다.

고생을 많이 해서 그런지 제 나이보다 나이가 많이 들어 보인다.

가게 왼쪽으로 '제일공업사'가 보이는데 제일공업사는 내가 나중에 버스 운수업을 하는 큰 계기가 되었다. 공업사를 옆에 끼고 있었기 때문에 그곳에 고장 난 자동차를 고치러 오는 사람들이나 버스 회사에 기름을 댈 수 있었다.

단골이 생긴다는 것은 참으로 고마운 일이다. 매달 일정한 매출과 매입이 예측 가능하다는 말이 되니까. 나는 꼬박꼬박 장부를 써서 한 달에 들어오는 돈과 나가는 돈을 기입하였다. 허투루 새어나가는 돈은 없는지 체크하였다. 그리고 자기 전에는 옷을 뒤져 동전이 나오면 저금통에 넣는 습관도 있었다.

서울에 올라와 아껴 쓰기를 습관화하던 나는 스무 살이 넘어서도 그 습관을 가지고 있었다. 오히려 성인이 되어서는 더욱 철저해졌다. 그것은 3가지를 하지 않는 것이었다. 첫째는 커피나 음료를 돈 주고 사서 마시지 않는 것, 둘째는 흡연을 하지 않는 것, 셋째는 술을 마시지 않는 것이었다.

내가 생각할 때 커피나 음료는 물을 마시면 해결되는 것이다. 사업상 거래처 사람을 만나거나 할 때는 어쩔 수 없이 커피를 사기도 했지만 혼자 그것을 마시려고 돈을 쓴 적은 한 번도 없었다. 담배는 안 피워봐서 모르겠지만, 담배를 피우는 사람 말에 의하면 그 순간의 행복이란 무엇과도 비교할 수 없다고 했다. 이건 술도 마찬가지다. 사람들은 대부분 담배를 피우고 술을 마시면서 기분 전환을 한다. 특히 술은 괴로운 일이 생길 때 더 찾게 되는 경향이 있다. 술이나 담배를 하는 사람의 이야기를 들어보면 한 달 생활비 중에 이 둘이 차지하는 비중이 꽤 크다.

나는 애초에 심심풀이로라도 술과 담배는 하지 않았다.

일상생활에서도 물이나 전기를 아끼는 것은 물론이었다. 쓰는 만큼 세금으로 나가는 것이니 아낀 만큼 남는다고 생각했다. 일상적으로 쓰는 물건 중에 이쑤시개가 있었다. 나는 면도칼로 이쑤시개를 반으로 잘랐다. 반으로 자른 이쑤시개를 다시 십자로 쪼개면 네 조각이 된다. 이렇게 하나의 이쑤시개를 여덟 조각을 만들어서 지니고 다니면서 쓰곤 했다. 지금도 휴지 한 장을 써도 여러 조각으로 나누어 쓰는 습관이 있다. 옷이나 신발은 두말할 것도 없다. 나이가 들어서도 옷을 한 벌 사면 기본적으로 10년은 입었다. 내가 이렇게 아낀 것은 딱 하나의 목표가 있었기 때문이다. 서울에서 돈을 벌어 성공해야 한다는 것이었다.

내가 성공해야만 어머님을 모시고 동생들과 살 수 있다는 목표가 있었으므로 힘든 줄도 몰랐다. 꼭 성공하고야 말겠다는 커다란 욕망欲望을 위해서 나의 개인적인 소소한 욕망을 철저하게 틀어쥐었다.

그만큼 최선을 다해 살았기에 지금도 후회는 없다. 스무 살 한창 젊은 시절 김병호에게는 그런 야망野望이 있었다.

그렇게 아끼고 열심히 돈을 모아서 계를 했다. 당시에는 서울에 올라와 있는 친척들이 꽤 여럿 있었는데, 가끔씩 서로 안부도 묻고 찾아뵙기도 하였다. 큰아버님 댁 딸 중에 연순 누나가 있었다. 연순 누나가 나에게 계를 해보지 않겠냐고 해서 나는 누나의 말을 믿고 계를 들었다. 24계 중 20번째로 타는 순서였다.

한 달에 한 번 돈을 넣었고 1년 반 이상이 지난 상태였다. 그런데 내가 탈 순서에서 계가 깨지는 사태가 발생하였다. 앞에서 이미 돈을 타 간 계원 중 한 사람이 곗돈을 내지 못하는 상황이 발생한 것이었다. 계는 신용을 기반으로 하는 것이다. 특히 계주를 맡은 누나를 믿고 하는 것이므로 나는 누나에게 책임을 물었다. 앞에서 곗돈을 탄 사람들은 문제가 없는데, 뒤에서 타지 못한 사람들만 억울한 일이었다. 그렇게 되면 계주가 모든 책임을 지고 돈을 줘야 하지만 끝내 나는 그 누나에게서 돈을 받지 못했다. 당시 50만 원 정도 되는 돈이었는데, 80킬로그램 쌀 한 가마에 3,000원 정도 할 때였다(1962년 6월에 단행된 화폐개혁으로 환이라는 단위가 원이라는 단위로 바뀌었다).

나는 이 곗돈을 타면 시골에 계신 어머님에게 논을 사드릴

예정이었다. 논을 사드리면 좋아할 어머님의 얼굴을 떠올리며 기쁜 마음으로 계를 하고 있었다. 그 모든 것이 물거품이 되었다. 나는 또 한 번 절망감을 맛봐야 했다.

시련은 끝이 없었다. 아니, 사업을 하면서 겪어야 하는 시련의 초기 단계였다. 하늘이 노랗게 보인다는 뜻을 그제야 알았다. 물론 계가 깨진 것은 누나의 잘못이 아니지만, 책임을 지고 돈을 만들어줘야 할 계주가 '나는 모르는 일이다' 하는 것에는 배신감을 느꼈다. 다시는 어느 누구도 믿고 싶지 않았다.

이때의 충격은 꽤 컸다. 누구에게 말도 못 하고 밤마다 잠을 못 자고 끙끙 앓았다. 지나간 일은 빨리 잊고 털어버리려고 했지만 잘 되지 않았다. 답답한 마음에 술을 마셔볼까 생각하기도 했다. 밤새 50만 원이라는 돈으로 무엇을 할 수 있나 생각하면서 뜬눈으로 지새우는 날도 있었다. 사업을 시작하고 돈을 확확 벌어서 넣은 곗돈이 아니었다. 죽어라고 아끼고 아껴서 부은 돈이었다. 억울한 마음에 화병火病이 생기는 것 같았다. 당시는 1962년, 내 나이 스물두 살이었다.

'시간時間이 약藥이다'라는 말이 있다. 아무리 죽을 것 같아도 시간이 지나면 서서히 기억이 희미해진다. 또는 그것이 나중에 생각해보면 오히려 좋은 방향으로 흐르는 전환점이 되기도 한다. 지금 생각해보면 그 곗돈을 못 받아서 고향에 땅을 사지 못한 것이 오히려 좋은 결과를 낳은 것 같다. 나에겐 이런 전화위복轉禍爲福의 기회가 수도 없이 많았다.

만약 곗돈을 타서 그때 시골에 땅을 샀다면 아마도 가족들이 모두 서울로 이사 올 생각은 하지 못하였을지도 모른다. 가족들이 집을 팔고 서울로 올라왔기 때문에 나는 좀 더 안정적으로 사업을 할 수 있었고 동생 상호와 같이 할 수 있었다. 세 살 어린 상호는 나의 가장 든든한 사업 파트너였다.

곗돈이 날아간 이후 나는 또 한 가지 깨달은 것이 있었다. 시련은 언제든지 도둑처럼 닥칠 수 있다. 그러나 중요한 것은 그 시련을 계단처럼 밟고 위를 향해 올라가야 한다는 것이다. 시련이 닥쳤다고 그 자리에 주저앉거나 뒷걸음질 친다면 결국 아무것도 해낼 수 없다. 사업을 하다 보면 이것보다 더한 일이 벌어질 수 있다. 그때는 지금보다는 더 강하게 이겨낼 수 있을 거라고 나 자신에게 말하곤 했다.

그래서 사람에게 경험은 매우 중요하다. 경험 속에서 공부하고 깨닫는 것은 돈보다 소중하다.

제3편

사업의 확장

돈의 흐름이 보이다

제1장

가족들 서울로 이사 오다

시련을 이겨내고 여전히 바쁘게 지내던 가을 어느 날, 동생 상호가 서울로 나를 찾아왔다. 상호는 볕에 그을려 시커먼 얼굴을 하고 있었다. 열아홉 살이 되어서 몸이 다부졌고 제법 어른 티가 났다.

그동안 편지로 안부를 주고받았기 때문에 얼굴을 보는 것은 오랜만이었다. 상호와 나는 그간 쌓였던 이야기를 나누었다. 상호는 나를 대신해 만형 노릇을 잘해내고 있었다.

나는 기쁜 마음에 동생에게 맛있는 밥도 사주고 남대문시장에 데리고 가서 재건복(박정희 정권 때 설립된 재건국민운동본부에서 만들어낸 제복의 이름)을 한 벌 사주었다. 옷에 맞춰 미군들이 신던 군용 워커도 사서 신겼다.

상호는 달라진 자신의 모습을 신기해하면서 얼굴이 환해졌다. 내가 번 돈으로 동생에게 뭔가를 해주고 동생이 기뻐하는 얼굴을 보니 참으로 기분이 좋았다.

상호를 데리고 기름 배달을 같이 다니기도 하였다. 내가 현재 어떤 일을 하는지 보여주고 싶었다. 항상 혼자 하던 일을 동생과 함께하니 무척 도움이 되었다. 일이 절반으로 줄어드는 느낌이었다.

그날 밤 단칸방에서 둘이 잠을 자려고 누웠다.

"형, 나도 서울로 올라올까 봐."

"어머니가 어떻게 생각하실지, 그리고 네가 올라오면 남은 가족들은 …."

나는 말끝을 흐렸다. 내가 좀 더 자리를 잡고 돈을 번 다음에 이야기해도 좋을 듯싶었다.

"그럼 가족들이 다 올라오면 되잖아. 나하고 형하고 돈 벌면 어떻게 되지 않을까?"

나는 뭐라고 확답을 하지 못했다. 예전의 나처럼 시골을 벗어나고 싶은 상호의 마음을 알았기 때문이다. 그러나 서울 생활을 모르는 상호에게 어떻게 설명해야 좋을지 망설여졌다.

"일단 시골에 내려가면 어머니에게 한번 여쭤봐라."

"어머니가 괜찮다고 하시면 형은 오케이라는 거지?"

상호는 유쾌한 목소리로 말했다. 사실 나도 타향살이에 많이 지쳐 있었고 가족들이 모두 함께 살면 좋겠다는 생각이 있었다. 그러나 가족들 모두 서울로 올라오는 것은 쉽게 판단할 일이 아니었다.

이틀 밤을 머물고 상호는 고향 전북 부안으로 내려갔다. 그로부터 한 달 후쯤에 편지가 왔다. 시골로 내려간 동생이 어떻게 어머님과 가족들을 설득했는지 당장 그곳을 정리하고 모두 서울로 올라오겠다는 것이었다. 그랬다. 상호는 성격이 매우 좋아서 사람들을 설득하는 일을 잘했다. 내가 오랫동안 시간을 들여 행동으로 신용을 쌓는 스타일이라면, 상호는 언변이 좋아 금세 친분을 쌓는 스타일이었다. 그리고 행동도 매우 재빨라서 실행에 옮기는 것에 망설임이 없었다.

1962년 음력으로 설이 되기 전에 모든 가족이 서울로 이사를 왔다. 시골에 있는 집을 정리하고 난 돈이 2만 7,000원 정도였다. 이 금액에 나머지 돈을 내가 보태서 모비루 가게가 있는 곳에서 그리 멀리 떨어지지 않은 한옥에 3만 원짜리 전세를 얻었다. 방이 3개였다. 방 하나는 어머님과 아버님이 쓰고, 남자 형제들이 하나, 여자 형제들이 하나를 썼다.

내가 모은 돈으로 이사 비용을 지불하고 살림살이를 장만했다.

식구들이 자신들의 옷가지가 들어 있는 보자기를 이고 지고 그 집에 들어가던 일이 아직도 기억에 생생하다. 서울 구경을 처음 해본 동생들은 어리둥절한 표정을 하고 있었다.

짐 정리를 대충 끝내고 저녁을 만들어서 식구들이 둘러앉아 밥을 먹는데 눈물이 날 뻔했다. 너무 좋아서 밥이 어디로 들어가는지 모를 정도였다. 두부만 사다 넣은 된장국 냄새가 향수보다 향기로웠다.

저녁상을 물리고 어머님은 방으로 나를 불렀다. 아버님은 저녁을 드시고 어디론가 산책을 나가셨다. 당시 아버님은 자녀들, 특히 큰아들에게 면목面目이 서지 않으셨는지 나를 슬슬 피하였다. 아마 동네 구경을 다니러 나가신 듯했다.

어머님은 내 손을 꼭 잡고 다음과 같이 말했다.

"내 인생에 이런 날도 있구나. 나한테 이런 세상도 있구나. 고맙다. 고맙다, 아들아. 서울에서 다시 살 수 있을 거라고는 상상도 못 했는데 … 니가 혼자 서울에서 고생하느라 얼마나 힘이 들었냐 …."

어머님은 그날 밤에 내 손을 붙잡고 우셨다. 어머님의 눈물은 슬픔의 눈물이 아니라 기쁨의 눈물이었다. 나도 울었다. 이산가족 상봉이 따로 없었다. 그리워하던 어머님과 한방에 있고 한집에서 같이 잠을 자고 같이 밥을 먹는다는 사실이 믿기지 않았다. 가족들과 떨어져 홀로 산 지 5년 만이었다. 그동안의 고생이 눈 녹듯 사라지는 것 같았다.

그날 밤 어머님은 처음 듣는 재미난 이야기를 해주었다. 그 이야기를 들었을 때는 나에게 힘내서 앞으로 잘 살아보자 하는 의미에서 그런 이야기를 하는 줄 알았다. 그런데 어머님의 이야기는 남은 내 인생을 확실하게 예측하는 말이 되었다.

내가 열 살이 되기 전이었다고 한다. 어머님은 사는 것이 너무 퍽퍽하고 힘들어서 다른 동네에 소문난 무당을 찾아갔었다고 한다. 그 무당은 눈을 감고 한참을 생각하더니 점괘를 다음과 같이 말했다.

"힘들어도 참고 살아. 지금 있는 아들 형제(나와 상호)가 커서 돈을 많이 번다. 뒷간(지금의 화장실)을 가는데도 승용차를 타고 가겠다."

어머님은 그때 속으로 한참을 웃으셨단다. 아무리 집이 커도 뒷간 가는데 승용차를 타고 가겠냐며.

무당의 점은 내가 그 말을 들은 후 20여 년이 지나서 정확히 이루어졌다. 경기도 용인의 서전농원을 구입했는데, 서전농원은 5만여 평이 넘는 큰 땅이었다. 출입문에서 집까지 차를 타고 한참을 들어갔으니 그 무당의 예언이 참 용하다 하겠다.

가족들과 이런 담소도 나눠가며 함께 있으니 힘이 났다. 어머님이 살림을 꽉 쥐고 해주시니 신경 쓸 것이 없었다. 마음이 든든하고, 일을 끝내고 집으로 돌아가는 발걸음이 가벼워졌다. 아버님도 일자리를 구해 일을 시작했고, 나는 상호와 함께 사업에만 신경 쓸 수 있었다.

상호 밑의 여동생 숙현이는 미용 학원에 다니게 하였다. 그때까지만 해도 형편이 여의치 않아서 모두 공부를 시킬 수는 없었다. 1951년에 태어난 은숙이부터 성호, 효숙, 민숙이까지는 대학까지 공부시킬 수 있었다. 막내 민숙이는 나와 스물세 살 차이가 난다. 민숙이는 부모님이 서울로 상경하고 나서 낳은 동생이다.

동생이 또 한 명 태어나는 것에 나는 좀 당황했다. 그러나 내 힘으로 어찌할 수 없는 부모님의 일이었다.

가족들이 각자 맡은 바 일을 열심히 하고 돈을 모아서 2년 후에는 방 4개에 거실과 부엌이 2개 있는 독채를 사서 이사를 갔다. 서울에 올라온 지 7년 만에 내 집(가족의 집)이 생긴 것이었다.

서울에서 최초로 내 명의로 된 집을 사고 나서 식구들끼리 다 함께 짜장면을 먹으러 갔다. 당시 짜장면 값은 30원 정도였는데 9명이 갔으니 270원이라는 거금을 썼다. 시내버스 요금이 8원이던 시절이므로 우리 가족에게는 엄청 큰 행사였다.

서울에 올라온 기념으로 찍은 가족사진

동생들은 처음 먹어보는 짜장면에 홀딱 반하여서 입가에 까만 짜장이 묻는 것도 모른 채 맛있게 먹었다.

사람들이 맛있는 걸 먹을 때는 얼굴에서 흐뭇한 웃음이 떠나질 않는다. 참으로 행복한 기억이다.

위 사진은 식구들이 모두 서울에 올라온 기념으로 내가 사진기를 구해 와서 찍은 것이다. 1966년경이었다.

맨 왼쪽에 양복을 차려입은 것이 나다. 그 옆에 안경을 쓰신 분이 아버님, 그 옆이 어머님이다. 아마 가족사진은 최초로 찍은 것이리라.

당시에는 부모님도 그렇고 나도 그런 편이어서 표현하는 것에 서툴렀다. 첫 가족사진이니 좀 더 활짝 웃고 찍었으면 좋았으련만. 가족들이 이렇게 모여서 사진 찍는다는 것이 어색해서인지 다들 얼굴이 무표정한데, 막내 민숙이만 환하게 웃고 있다.

집과 가정이 있다는 것은 사람을 참 행복하게 한다. 이사할 걱정을 하지 않아도 되고 밥을 먹는 것이나 씻는 것, 싸는 것에 대한 걱정이 없다. 인간이 살면서 이런 안락하고 포근한 기분을 느낀다는 것은 매우 중요하다. 그래서인지 나는 이후에 사업의 일환으로 집을 짓는 일에 열정을 바친 적이 있다.

제2장

세차장과 식품 가게 운영

1960년대 초반 정치는 이승만 정권에서 박정희 정권으로 바뀌었다. 그동안은 먹고살기 급급해 정치에 관심이 없었으나 이 시기부터는 정치나 경제를 알기 위해 신문을 챙겨 보기 시작했다. 세상 돌아가는 이야기를 들을 수 있는 것이 신문이나 라디오가 전부였다. 박정희 정권으로 바뀌고 나서 국가에서는 하는 일이 많아졌다. 경제개발계획 같은 구호가 시작되던 시기다.

빠른 속도로 도로 정비 사업이나 한강 다리 건설 사업, 고속도로 건설 사업이 진행되었다. 더불어 서울은 인구 대비 주택의 수효가 적어서 부동산 시장도 급성장하였다. 차량들이 증가함에 따라 운수업이나 공업사의 수효도 점차 많아졌다.

대한 모비루 옆에 있던 제일공업사는 1급 정비 업소로 큰 차들이 드나들었다. 고장 난 차를 수리하고 도색도 하고 수리가 다 끝나면 세차도 하였다. 당연히 제일공업사 옆에서 기름 가게를 하고 있으니 차를 운행하는 사람들이나 버스 회사 관련 사람들을 만날 수 있었다. 제일공업사 민 사장님도 대한 모비루에서 기름을 쓰고 있었다.

가족들이 서울로 이사를 온 이후 기름 가게 일을 동생 상호와 같이 하게 되었다. 상호가 배달도 다니고 수금도 했다. 나에게는 여유 시간도 조금씩 생겼다.

시간이 나면 나는 제일공업사에 들러 신문을 보거나 민 사장님과 대화를 나누었다. 매일 아침 신문을 보면서 세상 돌아가는 정보를 얻고 공부도 하였다.

민 사장님은 나보다 열 살 정도가 많은 형님(삼십대 중반)이었다. 항상 새벽같이 일어나 일하고 약속 잘 지키고 구두쇠 소리를 들으며 아끼는 나를 보고 예전의 자신을 보는 것 같다며 나를 많이 아껴주었다. 민 사장님이 사업 자금을 빌려달라고 하면 돈을 꿔주기도 하는 관계였다.

제일공업사의 가장 큰 고객은 버스 운수업체인 서울여객이었다. 서울여객이라고 해서 지금처럼 주식회사 같은 것은 아니고, 버스 한 대를 운영할 수 있는 개인들에게 일감을 나눠

주는 업체였다. 서울여객 주 회장님은 이북 평양 사람으로 키가 작고 매우 열정적으로 사업을 하던 분이다. 주 회장님은 열대가 넘는 버스를 갖고 있었다. 나를 '김 사장'이라고 부르면서 자식처럼 예뻐하였다. 나도 주 회장님을 아버지처럼 따랐다. 책임감이 강하고 사나이다운 기질이 있어 이상적인 아버지의 모습이라고 생각했다.

주 회장님은 본인이 젊은 나이에 월남하여 식구들을 거느리고 살면서 자수성가自手成家하신 분이라 씩씩하게 사업을 일구고 있는 나를 마음에 두고 있었던 것이리라. 아들 둘에 딸이 넷 있었던 주 회장님이 나를 사위로 삼고 싶어 한다는 소문이 들리기도 했다.

버스라는 것이 기름 없이는 달릴 수 없는 것이라 주 회장님은 대한 모비루의 가장 큰 거래처였다. 결제는 말일경에 한 달치를 한꺼번에 계산하는 방식이었다. 그러니 못해도 한 달에 10번 이상은 얼굴을 꼭 보게 되어 있었다.

나는 주 회장님을 추석이나 설에 찾아뵙고 인사를 드리고 선물도 하였다.

서울여객 주 회장님의 버스는 보광동에 차고지가 있었다. 보광동 외에도 쌍문동이나 수유리에는 버스 차고지가 여러 개 있었다. 그래서인지 4~5년을 나란히 있던 제일공업사가 쌍문동으로 사업을 확장하여 이사를 가게 되었다. 형님처럼 모시고 있던 민 사장님이 나에게 기름 장사는 그만두고 공업사 옆에서 세차장을 해보라고 권유하였다.

오래 고민할 것도 없었다. 제일공업사를 다니면서 정비하는 것과 세차하는 것을 오랫동안 지켜보았고 일손이 바쁠 때는 도와주기도 했다. 세차만 한다면 어려울 것도 없다고 생각했다. 생각건대 앞으로 차량은 갈수록 늘어날 것이었다. 사람이 살면서 기회가 몇 번 오는데, 나는 그것이 내 사업을 키울 수 있는 첫 번째 기회라고 생각했다. 기름 가게와는 차원이 다른 일이고 기존에 들어가던 가겟세나 운영비가 늘어나겠지만, 그만한 투자 가치가 있다고 판단하였다.

결정을 한 이후에는 기름 가게를 다른 사람에게 넘기고 상호와 함께 쌍문동 제일공업사 옆에 '제일세차장'을 개업하였다.

우리나라 최초의 버스는 대구호텔 사장이었던 일본인 베이무라 다마치로가 일본에서 들여온 버스 4대로 1920년 7월 1일부터 대구 시내를 운행하였다. 서울시 최초의 시내버스 운행은 1949년 8월 서울승합 등 17개 회사가 서울시로부터 사업 면허를 받아 273대를 운행한 것이다.

1960년대 박정희 정권은 자동차공업 5개년 계획을 발표했고 1963년부터 16인승 버스가 대량 생산되었다. 서울의 인구

차량이 늘어나는 서울 시내

가 기하급수적幾何級數的으로 늘어나 전차로는 감당할 수가 없었다. 70여 년 동안 시민들의 발이 되어주었던 전차는 1968년 11월 30일로 전면 중지되었다. 승용차나 택시가 있었지만 극히 적었고, 시민들이 타고 다닐 수 있는 대중교통이 절실히 필요한 시기였다.

서울의 인구는 6·25 전쟁 이후 1954년에 124만 명이던 것이 1960년에는 244만 명, 1965년에는 347만 명으로 늘어나 있었다. 1970년에는 543만 명 정도로 폭발적으로 증가하게 된다.

버스는 1970년대부터 만들기 시작한 지하철과 함께 시민들의 발 노릇을 톡톡히 하였다.

버스라는 새로운 대중교통 수단이 한창 활발하게 성장하던 시기에 쌍문동에 세차장을 개업한 후, 나와 상호는 새벽 4시면 어김없이 일어나 씻고 간단하게 아침을 먹었다. 어머님은 새벽 3시면 일어나 밥을 해주셨다.

버스가 새벽 5시 정도면 출발하는 것이라 새벽 시간이 매우 중요했다. 나가기 전에 급하게 세차가 필요한 것도 있었다.

세차라는 것이 물로 하는 것이라 여름에는 그래도 할 만했다. 그런데 문제는 겨울이었다. 물이 꽁꽁 얼어서 세차를 할 수가 없었다. 그래서 증기 세차기로 스팀 세차를 했다. 버스는 지붕에서부터 유리창, 타이어까지 꼼꼼하게 닦아야 한다. 외부 세차가 끝나면 버스 내부도 청소를 했다. 추위 때문에 손가락과 발가락이 떨어져 나가고 얼굴은 이미 내 것이 아닌 것처럼 감각이 없어진다. 겨울이면 손발이 동상에 걸려 푸르딩딩해졌다.

세차장을 하는 동안 나도 고생이 많았지만 특히 상호가 고생이 많았다. 나는 워낙 서울 생활은 오래 해서 그런 노동은 익숙해져 있었다. 그런데 시골에서 올라온 지 얼마 되지 않은 상호에게는 세차하는 것이 기름 배달보다 더 힘든 일이었다. 그래도 상호는 힘들다 말하지 않고 부지런히 일했다. 당시 상호는 내가 시키는 대로 묵묵히 일했다. 상호를 볼 때마다 얼마나 듬직했는지 모른다. 그런 동생이 있어서 참 다행이라는 생각을 많이 했는데 여동생이었으면 엄두도 못 낼 사업이었다.

2년 정도 지나고 세차장이 안정이 되자 나는 기술자들에게 자동차 정비하는 일도 틈틈이 배웠다. 자동차의 구조에 대해 알고 싶었다. 기계로만 만들어진 물건이 사람들을 태우고 굴러다니는 것이 매우 신기했다. 자전거나 기차하고는 많이 다르기에 버스나 자동차가 매우 신기했다.

세차장은 비교적 수입이 좋았다. 식구들이 먹고살고 저금도 할 수 있었다. 나는 또 다른 사업을 궁리하였다. 당시에는 무엇을 하면 돈을 벌 수 있을까 고민하던 시기였고 돈을 벌 수 있는 게 무엇인지 짚어내는 감感이 좋았다. 나는 먹는장사를 해야 한다고 생각하고 식료품 가게를 차릴 작정이었다. 가게는 여동생 숙현이와 종업원을 하나 두면 될 것 같았다. 그런데 갖고 있는 돈이 부족했다.

나는 주저하지 않고 서울여객 주 회장님 사무실을 찾아갔다. 100만 원을 빌려달라고 했다. 당시 80킬로그램 쌀 한 가마니 가격이 6,000~7,000원 정도였으니 현재 돈으로 하면 3,000만 원 정도의 금액이다. 당시에는 엄청 큰 금액이었는데 주 회장님은 차용증이나 담보도 없이 선뜻 그 금액을 빌려주셨다.

나는 몇 번이고 주 회장님에게 고맙다고 인사를 하였다.

지금 생각해도 주 회장님과의 인연因緣은 천운天運이었다. 가족이나 친지들, 금융기관이라도 그렇게 큰 액수를 빌리기는 힘들다. 그런데 사회생활을 하며 만난 분이 나를 믿고 큰 금액을 빌려주시니 고마울 따름이었다. 그래서인지 나도 누군가가 도움을 요청하면 쉽게 거절하지 못할 때가 있다. 내가 어려웠던 시절을 떠올리기 때문이다.

자금이 마련되자 나는 종로의 낙원상가 쪽에 식품 가게를 냈다. 미 군수품을 취급하는 곳이었다. 민간으로 흘러나온 군수품을 도매가격으로 사서 소매가격으로 파는 식이었다.

사업장을 하나 더 벌여놓자 나는 하루 24시간이 모자랐다. 세차장에서 일을 끝내는 저녁때가 되면 마무리는 상호에게 맡기고 군수품을 사러 다녔다. 지금처럼 자가용이나 물건을 실어 나르는 트럭이 있는 것도 아니어서 버스를 타거나 걸어 다니거나 했다. 물건을 사서 실어 나르는 일도 보통 힘든 것이 아니었다.

시시때때로 식품 가게에 들러 장사하는 요령이나 매장 관리, 진열, 판매 금액 등을 챙겼다. 번번이 끼니를 걸렀다. 그러나 돈이 없어서 못 먹을 때와는 달랐다. 돈을 벌기 바빠서 식사 시간을 놓치는 경우가 많았다. 그래도 나는 배고픈 줄 모르

주 회장님 자제 분들과 함께 간 하와이 여행

고 돌아다녔다. 그렇게 하루를 마치고 집으로 들어가면 파김치처럼 축 늘어졌다. 하지만 푹 자고 나면 다음 날 또 일을 할 수 있었다.

식료품 가게는 먹는 음식을 취급하는 만큼 특히 일하는 사람들의 용모를 깔끔하게 했다. 워낙 비슷한 가게들이 몰려 있다 보니 경쟁이 심했다. 다른 가게에는 없는 물건을 갖다 놓기 위해 애를 썼지만 쉽지 않았다.

도매로 사 온 물건이 많아 창고가 필요했는데, 주 회장님이 자신의 집 창고를 써도 좋다고 하였다. 정릉의 넓고 좋은 단독

주택이었다. 지금 생각해도 주 회장님이 왜 그렇게 나에게 잘 해주셨는지 고개를 갸웃거리곤 한다. 참으로 감사한 일이다.

식품 가게가 초창기에는 꽤 이익을 남겼다. 그러나 3년 정도 되자 군수품이라는 것이 불법이라 단속이 심했고 투자한 돈에 비해 그다지 이익이 남지 않았다. 식품 가게는 3년 만에 접어야 했다.

제3장

신용은 목숨처럼

사업을 여러 개 벌이다 보니 생각처럼 되지 않을 때가 있었다. 세차장에 신경을 쓰고 있으면 식품 가게를 소홀히 하게 되고, 식품 가게에 신경을 쓰고 있으면 세차장이 소홀해지기 마련이었다. 식품 가게를 3년 만에 접고 나는 일단 세차장 일에만 전념하였다.

그리고 가장 중요한 자금 관리의 문제는 모두 내가 담당하였다. 나는 집에 들어가는 생활비 통장을 따로 만들고 사업에 쓰는 통장을 따로 여러 개 만들었다. 실질적으로 써야 할 돈을 제외하고는 무조건 저금을 하였다. 그리고 하루에 나를 위해 쓰는 비용은 밥값 외에는 없었다. 담배와 술, 커피 같은 것은 일절 하지 않았다.

하루 일과가 끝나면 동전 한 푼도 예외 없이 저금통에 넣었다. 당시 어머님은 우스갯소리로 상호 옷을 빨면 동전이 몇 개씩 떨어져서 갖는 재미가 있는데, 병호 옷은 빨아도 생전 가야 십 원짜리 하나가 안 나온다고 하셨다.

내 사업도 하고 먹고살 만했지만 근검하고 절약하는 것은 내 삶의 습관이 되어 있었다. 나는 그렇게 아끼고 절약해서 저금하는 즐거움으로 살았다.

첫 사업인 기름 가게를 거쳐 세차장과 식품 가게를 하다 보니 깨달은 것이 있었다. 우선 사업을 할 때는 수완手腕이 좋아야 한다는 것이다. 수완이 좋은 사람은 장기를 둘 때처럼 몇 수 앞을 내다본다. 이 사업의 미래는 전도유망前途有望한가? 사업을 하다가 이익 외에 손실을 당할 일은 없는가? 고객에게는 어떻게 신용을 쌓아야 하는가? 이런 생각은 아주 기본적인 것이다. 그런데 사업이 망하는 경우를 보면 대부분 기본을 지키지 않아서이다. 나는 그리되지 않도록 항상 나 자신을 채찍질하였다.

세차장은 갈수록 성황이었다. 버스뿐 아니라 택시나 자동차도 그 양이 증가하여 공급이 많아졌다. 신문에서는 서울로 몰려드는 인구 때문에 구직과 교통 혼잡 문제가 하루가 멀다 하고 기사로 나올 정도였다. 앞으로 세차장을 이용할 차량이 더 많아진다는 사실은 명백하였다. 그래서 나는 별도로 세차장을 더 늘리거나 세차용품이나 세차 기계가 나오는 것을 대비하여 따로 저금을 하고 있었다. 갑자기 전쟁이 터져서 세차장을 닫을 일이 생기더라도 언젠가는 다시 사업을 할 수 있는 자금을 별도로 모으기도 했다.

내가 어떻게 돈을 모으고 있는지, 지금 얼마를 모았는지에 대해서는 상호와 의논을 하였다. 당시 나는 상호를 동생이지만 일종의 동업자로 보고 있었다. 둘 사이는 투명하게 하는 것이 가장 좋을 듯했다. 상호도 옆에서 몇 년 동안 나를 지켜보면서 커피 한잔도 사 마시지 않는 나를 지독하다고 하였다. 그런 나의 성격을 알기에 돈에 대한 것은 나에게 일임하였다.

사업을 하면서 가장 중요한 것은 고객을 응대하는 일이다. 나는 세차를 부탁한 손님들과의 시간을 엄격하게 지켰다. 지금도 아내는 나에게 초등학교 도덕 교과서 같다고 하는데 나는 이 말이 싫지 않다. 시간이나 약속은 꼭 지켜야만 속이 후련하다. 내 성격이 그래서인지 시간이나 약속을 지키지 않고 미루거나 흐지부지하는 사람을 제일 싫어한다. 인간관계人間關係에서 가장 기본이 되는 것은 서로에 대한 믿음이기에 이 믿음이 형성되지 않는 사람과는 관계를 더 이상 지속하고 싶지 않은 것이다.

세차 시간을 정확히 지키고 내 사업장에서 세차를 하고 나면 항상 만족하기 때문에 한번 이용한 사람들은 단골 고객이 되었다.

신용信用을 쌓기 위해서는 약속約束을 목숨처럼 여겨야 한다. 나는 특히 돈에 대해서는 더 엄격하였다. 서울여객 주 회장님에게서 100만 원을 3부 이자로 빌렸는데 3년 만에 원금과 이자를 모두 갚았다. 매월 원금과 이자를 한 번도 미루지 않고 정확하게 갚았다. 그리고 돈을 갚을 때는 내가 직접 주 회장님의 댁에 찾아갔다.

주 회장님 댁으로 직접 찾아가 얼굴을 뵙고 인사를 드리고 돈을 드렸다. 그럼 주 회장님은 '좀 늦어도 되는데' 하지만 기쁜 얼굴이 역력하였다.

주 회장님이 나에게 가족들보다 더 잘해주시고 돈을 빌려주시는 데에는 그만한 이유가 있었다. 나는 한번 약속을 하면 목숨을 걸고 그 약속을 지켰다. 그 모습을 곁에서 10년 이상 지켜보았으니 가능한 일이었다.

사람들은 자신이 말하고 행동하는 대로 평가받는 법이다.

제4장

버스를 사서 운수업을 하다

내가 운수업에 뛰어들게 된 것은 우연이 아니다. 기름 가게를 하면서 알게 된 분들이 대부분 그쪽 업계에 있는 사람들이었기 때문이다. 특히 제일공업사 민 사장님과 서울여객 주 회장님은 나에게 큰 인연이 아닐 수 없다.

1960년대 후반 버스는 지입제持入制가 대부분이었다. 지입제란 운수회사에 개인 소유의 차량을 등록하여 거기서 일감을 받아 일을 한 후 보수를 지급받는 제도였다. 버스 1대를 개인이 소유할 수 있었다.

운수업을 할 수 있는 기회는 우연히 찾아왔다. 열 대 이상의 버스를 갖고 운행하던 주 회장님이 나를 불렀다. 멀리 도봉산에 울긋불긋 한창 단풍이 들던 가을이었다. 주 회장님은 매우 심각한 얼굴로 나와 마주 앉았다.

"김 사장, 괜찮다면 버스 한 대 굴려보겠나?"

"네? 버스를요?"

"음, 내가 혼자 관리하기가 힘들어서 자네한테 한 대 넘겼으면 하는데 …."

"……."

나는 당장 대답하지 못했다. 쉽게 결정할 일이 아니었다. 버스는 중고라 값이 많이 나가진 않았지만 지금 형편으로는 버스를 살 여력이 없었다. 버스를 사는 것에서 끝나는 것이 아니었다. 처음부터 재정비를 해야 했고, 얼마나 많은 부품을 교체해야 할지 알 수 없었다.

"생각할 시간을 조금만 주십시오."

"그래, 결정되면 나한테 알려주게나."

나는 주 회장님 사무실을 나오는 순간부터 고민하였다. 사업하는 사람으로서 최고의 기회일 수도 있고, 또 한 번의 좌절이 되어 빚을 질 수도 있었기 때문이었다. 주 회장님의 제안을 받기 전에 지인에게 큰돈을 사기당한 적이 있었다. 그래서인지 사업을 더 키울 자신이 없었다. 당시 버스는 보험 제도가 제대로 되어 있지 않아서 만약 사고라도 나는 날에는 쫄딱 망할 수도 있는 일이었다.

나는 상호와 의논을 하였다. 상호는 좋은 기회라며 두말할 것 없이 해야 한다고 말했다. 상호도 서울 생활 6년째였고 어느 정도 세상 돌아가는 일을 알고 있어서 충분히 나와 의논을 할 수 있었다.

나는 꼬박 하루를 더 고민했다. 그리고 결단을 내렸다. 다시 한 번 과감하게 도전을 해야 한다고 생각했다. 사업이라는 것은 움츠리고 있으면 안 된다. 뭐든지 해봐야 새로운 길을 개척할 수 있으니까. 결정을 하고 나니 돈이 문제였다. 수중에 갖고 있는 돈이 그다지 많지 않았다.

"하하하, 그건 걱정하지 말게. 있는 만큼 주고 나머지는 내가 빌려주는 셈 치면 되니까."

주 회장님은 호탕하게 말했다. 나의 걱정은 기우에 불과했다. 중고였지만 나의 첫 버스를 인수하는 데는 70만 원 정도가 들었다. 갖고 있던 돈 50만 원을 내고 나머지 20만 원은 이자와 함께 주 회장님에게 매달 갚기로 하였다. 내 이름으로 버스를 매입하고 서류를 작성하는데 미세하게 손이 떨렸다. 버스를 사다니 믿을 수 없었다. 버스를 계약하고 상호와 함께 집으로 돌아가는데 겨드랑이에서 날개가 돋아나는 것만 같았다. 하늘을 훨훨 나는 기분이었다.

이튿날 차고지 마당에 서 있던 버스를 기사가 세차장으로 몰고 왔다. 나와 상호는 입가에 번지는 미소를 감출 수가 없었다. 먼저 제일공업사로 버스를 끌고 갔다. 정비가 가장 우선이었다. 나는 오래되고 낡아서 못 쓰는 부품은 모조리 교체하였다. 타이어도 완전 새것으로 교체하였다. 비용이 많이 들었지만 공업사 민 사장님은 기꺼이 외상으로 해주었다.

"신용 하면 김병호 아닌가? 우리가 알고 지낸 세월이 몇 년인데 … 어려울 때 내가 이 정도는 해줘야지."

민 사장님이 버스를 갖게 된 것을 축하하면서 해준 말이다. 물론 나에 대한 믿음도 있었겠지만 민 사장님 입장에서는 새로운 고객이 늘어난 것이나 마찬가지였다. 나는 고마운 마음에 먹지도 못하는 술을 대접해드린 기억이 난다.

버스를 운영하는 것은 기존에 하던 사업과는 차원이 달랐다. 버스의 상태에서부터 버스 운행 시간, 버스 기사, 안내양, 손님들까지 신경 써야 할 것이 많았다. 특히 버스는 사람의 안전을 최우선으로 생각하지 않으면 안 되었다.

세차장을 하면서 버스 운행하는 사람들을 몇 년간 지켜봤다. 운수업을 제대로 운영하지 못하는 사람은 분명 이유가 있었다. 버스는 기계다. 그리고 그 기계를 사람이 운영한다. 중요한 것은 매일 철저하게 정비를 잘해야 하고 기사와 안내양을 잘 써야 한다는 것이다. 그런데 망하는 사람들은 최대한 정비 비용과 인건비를 아끼려고 했다. 그러니 얼마 못 가 사고가 나거나 차가 망가지기 일쑤였다. 그래서 나는 버스를 철저하게 관리했다. 자동차에 대해서 미리 공부해둔 것이 큰 도움이 되었다.

수리를 마치고 나온 버스를 상호와 내가 손수 세차했다. 얼마나 깨끗이 닦았는지 과장하면 얼굴이 비칠 정도였다.

19번이라는 숫자를 달고 버스가 출발하는 날 새벽, 나는 기사와 안내양과 같이 버스를 탔다. 주위엔 푸른 새벽빛이 아직 남아 있었다.

아직 해가 뜨기도 전에 일하러 가는 사람들이 하나둘 버스에 올라타는 걸 지켜보았다. 빈자리에 앉은 사람들은 피곤한지 금세 눈을 감고 잠을 청했다. 버스에 탄 사람들을 보고 있으니 가슴이 뜨끈해지는 것을 느꼈다. 안전하게 일터로 데려다주고, 또 일을 끝내고 집으로 돌아가는 길에도 안전하게 버스를 운행해야 한다는 사명감使命感이 생겼다. 그렇게 한 바퀴를 돌고 다시 종점으로 돌아왔다.

뭔가 진짜 사업이 시작되고 있다는 예감이 들었다.

역시 예감은 적중했다. 정비에 신경 쓰고, 운전기사도 경험자이면서 성격이 차분한 사람을 구하고, 안내양도 성실하면서 웃는 얼굴이 예쁜 사람을 구했다. 삼박자가 톱니바퀴처럼 잘 맞아 돌아가니 버스의 가동률이 높았다.

당시 보광동 차고지에는 버스가 50여 대 있었다. 한 달 후에 결산을 하는데 내 차의 수입이 당당히 5위 안에 들었다. 가슴이 벅차올랐다. 세차장을 할 때의 수입과는 비교할 바가 아니었다.

그날은 상호와 함께 돼지고기를 사가지고 집에 들어갔다. 그 기쁨을 가족들과, 특히 어머님과 함께하고 싶었다. 어머님은 다른 날보다 더 정성스럽게 맛있는 저녁을 차려주었다. 돼지고기를 듬뿍 넣은 어머님표 김치찌개는 지금도 가끔씩 생각이 난다. 정말 맛이 좋았다.

호사다마好事多魔, 고진감래苦盡甘來, 새옹지마塞翁之馬라고 했던가? 버스를 사고 나서는 모든 사업이 잘 풀리기 시작했다. 버스를 운영하면서 나의 삶은 커다란 변화를 맞았다. 사업을 크게 하려면 어떤 것이 필요한가를 알게 되었다.

특히 금융권(은행이나 새마을금고, 좀 더 필요할 때는 사채까지)을 잘 활용하는 것이 매우 중요했다. 대출을 받을 때는 특히 그동안의 신용이 매우 중요하고, 그 신용을 만들기 위해서는 예금이나 적금을 평소에 많이 들어두는 것도 중요했다. 곧 그것이 신용으로 담보가 된다. 지금까지는 혼자 벌어서 저금한 돈으로 사업을 끌어나가는 것이 최고라고 생각했으나,

금융권을 잘 이용하면 저금리로 더 많은 투자를 이끌어낼 수 있다는 것을 알게 된 것이다.

사업은 나날이 번창하여 1970년에는 버스가 5대로 늘어났다. 두 대는 중고, 나머지 세 대는 새 버스였다. 새 버스를 사니 부품 교체 비용이 거의 들지 않았다. 당연히 사고에 대한 걱정도 줄어들었다. 자동차에 대한 보험 제도가 정착이 되었을 때는 바로 보험도 들었다.

버스는 사고 한 번 없이 잘 운영되었는데, 한 대당 경비를 다 제하고 나면 순수익이 30만 원 정도 되었다. 5대가 굴러가니 한 달에 150만 원가량이 순수익으로 통장에 입금되었다. 80킬로그램 쌀 한 가마니가 1970년대에는 1만 원이었는데, 현재 금액으로 따져보면 한 달에 약 2,500만 원을 벌어들인 셈이다. 당시엔 엄청난 금액이었다. 가장 안정적인 수입원이었다. 재벌은 아니지만 재벌이 된 것 같은 기분이었다. 버스 운수업은 1979년까지 계속되었다.

다음 페이지 사진은 1970년대 당시 내가 운행했던 버스의 모습이다. 버스들은 세차를 한 후 출발했다. 항상 새 차처럼 깔끔한 상태에서 운행을 하였다. 21번 버스는 영등포까지 운행하였는데, 꽤 긴 거리여서 항상 안전 운행에 신경이 쓰였다.

사업이 번창하고 가족들과 돈 걱정 없이 살게 되니, 한 끼도

1970년대 운행했던 21번 버스

제대로 못 먹고 살던 어린 시절이 꿈만 같았다. 그렇다고 아끼고 절약하는 나의 습관은 바뀌지 않았다. 당시에도 나는 전깃불 하나 허투루 켜지 않았다. 수돗물도 바가지나 세숫대야에 받아서 썼다. 동생들에게도 수도꼭지를 틀어놓고 쓰지 않도록 주의를 주었다.

이런 습관은 모두 어머님에게 물려받은 것이다. 어머님은 쌀 한 톨이 만들어지기까지 농부가 88번의 수고를 들여야 한다는 것을 늘 강조하는 분이었다. 그래서 쌀을 씻다가 쌀 한 톨 흘리는 것을 보지 못하는 성격이었다.

그런 습관이 생활에 배어 있다 보니 많은 돈을 번다고 해서 돈을 헛되이 쓰는 일은 없었다. 철저하게 땅에 투자하거나 저축을 하였다. 그것은 미래를 대비하는 마음이었다. 가족들의 생활비뿐 아니라 나와 상호, 여동생의 결혼 자금, 공부하는 동생들 학비 등 들어갈 돈이 많았기 때문이다. 어린 동생들도 언젠가 시집 장가를 간다면 그 모든 것을 내가 해야 한다고 생각했다.

"부모가 해야 할 노릇을 항상 장남인 너에게 맡기는구나. 미안하다."

언젠가 어머님께서 말씀하셨다. 그러나 나는 그 무게를 기꺼이 받아들였다. 내가 원해서 장남으로 태어난 것은 아니지만 장남으로 태어난 이상 당연히 내가 해야 하는 일이라고 생각했다.

제5장

어머님을 닮은 '땅'

인류의 역사를 떠올려보면 사람에게 집은 매우 중요하다. 집은 자연재해와 무서운 짐승들로부터 생명의 안전을 보장받을 수 있는 곳이다. 특히 인간은 인생의 3분의 1을 잠으로 보내기 때문에 집은 그 어떠한 것보다 더욱 중요하다 하겠다.

일제강점기에 어린 시절을 보내고 1950년에 6·25 전쟁을 겪고 가난과 배고픔에 시달려본 사람들이 모두 그렇듯 나 또한 집에 대한 애착이 강했다. 더군다나 부모님과 6명의 동생을 책임져야 하는 가장 역할을 하고 있어서인지 집은 매우 중요한 것이었다.

서울에서 집에 대한 인연은 나에게 매우 특별하다. 1962년도에 전세 3만 원으로 집과의 인연이 시작되었다. 1964년도에

15만 원을 주고 처음으로 서울에 내 이름으로 된 집을 마련하였다. 이 집을 살 때만 해도 그리 감흥은 없었다. 당시 벌여놓은 사업과 일이 더 중요했기 때문이다.

1970년경에 이사를 하기 위해 집을 팔았다. 15만 원을 주고 산 집이 150만 원에 팔렸다. 불과 몇 년 사이에 10배가 뛴 것이다. 그 집을 팔고 새로 지은 2층 양옥집을 400만 원에 사들였다. 마당도 있어서 나무와 꽃을 심을 수도 있었다. 마당이 있는 집은 시골에서 자란 나에겐 큰 의미가 있다. 사람은 자고로 자연과 더불어 살아야 마음이 삭막해지지 않는다. 이사를 가면서 가정부도 한 명 두었다. 어머님이 좀 편해졌으면 하는 마음이었다.

이 집은 나에게 매우 특별한 곳인데 여기 살면서 여동생 숙현이도 시집보내고 나도 결혼을 하였다.

2층 양옥집에서 5년 정도를 살고 팔았는데 금액이 850만 원이었다. 가족들이 걱정 없이 산 것도 고마운데 2배 이상으로 가격이 오른 것이다. 이때부터 부동산 시장에 조금씩 눈을 뜨기 시작했다.

세차장과 버스 운수업을 하면서 고정적인 수입이 들어오고 생활이 안정되자 나는 부동산에 투자하는 방법을 생각하게 되었다. 원래는 집에 대한 애착 때문에 집을 사러 다니다가 땅에 대한 관심을 갖게 되었다.

땅은 나에게 어머님과 같다. 포근하고 안락하고, 씨만 뿌리면 엄청난 양의 대가代價를 안겨주는 무한한 가능성이 있다. 나에게 어머님은 자신의 육체와 시간과 인생 전체를 희생하며 자녀와 가족을 위해 사는 위대한 분이었다. 그런 어머님을 닮은 땅을 나는 매우 좋아하였다.

세차장이 노는 주말이면 나와 상호는 땅을 보러 다니거나 집을 보러 다니는 일이 많아졌다.

처음엔 가족들을 위해 집을 지으면 좋겠다는 생각에서 땅을 보러 다녔다. 살던 곳은 미아리 송천동이었고 사업을 하는 곳이 쌍문동 쪽이어서 그 근방의 땅을 보러 다녔다. 그 근방에는 국유지國有地가 많아 국유지를 사두었다.

땅을 사고 보니 어머님에게도 땅을 사드리고 싶었다. 그래서 어머님과 함께 고향인 전북 부안으로 내려갔다. 760환을 들고 서울로 무작정 상경한 지 15년 만에 땅을 사려고 고향 마을에 내려가니 감회가 새로웠다. 고향 땅을 여러 군데 둘러보았는데 어머님이 그리 흡족해하지 않으셨다. 고향에 돌아와 보니 예전에 힘들게 살던 기억이 떠올라 그리 좋지 않다 하셨다. 그래서 고향 마을에 땅 사는 것을 포기하고 그 돈으로 다른 곳에 땅을 보러 다녔다.

내가 보고 괜찮은 곳이 있으면 상호와 같이 가서 보고, 상호가 본 곳 중에 괜찮은 곳이 있으면 나와 같이 가서 보곤 했다. 당시 상호와 나는 가족이자 가장 든든한 동업자여서 뭐든지 같이 의논하였다. 어느 것 하나 단독으로 결정하는 법이 없었다. 다행히도 상호는 나와 세 살밖에 차이가 안 나지만 나를 아버지처럼 믿고 따르고 의지했다. 상호의 그런 믿음이 있었기에 가능한 것이었다.

땅이라고 해서, 가격이 싸다고 해서 무조건 사는 것은 아니었다. 땅은 무엇보다 주변 경관과 잘 어울려야 했다. 특히 집을 지을 곳인지, 공장을 지을 곳인지 그 용도에 따라 정확히 보는 안목이 있어야 했다. 당시에는 마음에 드는 땅이 나타나면 금융권에서 대출을 받아서라도 땅을 사두었다.

땅을 사서 계약을 끝내고 집으로 돌아오면 그렇게 마음이 풍족할 수 없었다. 1년 동안 열심히 일하고 가을에 농작물을 수확하는 기쁨에 비할까? 노후에는 저 땅에 가서 아담한 집을 짓고 농사를 지으며 살아볼까 하는 꿈을 꾸기도 하였다. 땅을 사는 것은 은행에 돈을 저금하는 것보다 좋았다.

"형님, 집을 지어서 팔면 어떨까요?"

"집을?"

"예, 땅만 갖고 있으면 뭐하나요. 거기에 집을 지어서 팔면 더 많은 값을 받을 수 있을 텐데요."

어느 날 상호가 나에게 말했다. 물론 나도 그런 생각이 없었던 것은 아니지만 집을 짓는 것은 아무나 할 수 있는 일이 아니었다. 건축업자를 끼고 일을 하기엔 위험부담이 너무 크다는 생각을 했다. 그러나 그런 걱정은 기우에 불과했다. 나와 달리 상호는 담배도 피우고 술도 잘 먹고 사람들을 만나 대화를 나누는 것도 좋아했다. 그래서인지 이미 건축업에 종사하는 사람들과 친분을 두텁게 쌓아두고 있었다. 내가 버스 운수업에 집중하고 있는 동안 상호는 세차장을 하면서 두루두루 많은 사람들과 친분을 나누고 있었다.

자금 관리나 은행 일 등은 나에게 결정권을 주고 상호가 건축업 종사자들과 만나 첫 번째 일을 진행하기에 이르렀다. 일이 풀리려면 하늘이 도와야 한다. 나의 사업도 그런 천운을 받는 기분이 들었다.

1972년도 즈음에는 새마을운동의 일환으로 도시의 집이나 도로가 본격적으로 정비되던 시기였다. 1970년대 후반 즈음에는 사람들이 좀 더 깔끔하고 좋은 집을 짓기 위해 헌 집을 부수고 새 집을 짓기도 하였다. 또한 인구 대비 집이 모자라는 현상은 매우 심각해서 연립주택이나 아파트도 본격적으로 짓던 시기이다. 사놓은 땅이 비싼 가격에 팔려나가고 집을 지어

ⓒ 서울역사박물관

새마을운동 당시 실시된 도로 정비

팔면 더 좋은 가격을 받을 수 있었다.

버스 운수업이 법인화되면서 개인 버스 사업자가 사라지자 나는 세차장과 버스 운수업을 그만두었다. 그리고 1980년대부터는 본격적으로 집과 땅에 투자하였다.

상호와 나는 헌 집을 사서 리모델링을 하거나 땅을 사놓은 곳에 주택을 지어 팔았다. 땅과 돈만 대고 집 짓는 것은 건축업자에게 맡기다가 1980년대 중반부터는 사업자가 되어 우리가 직접 관리하였다. 처음이 힘든 것이지 뭐든지 배우면 된다. 상호가 특히 작업하는 사람들을 직접 부릴 정도로 건축에 대해 공부하는 열정을 보여주어서 가능한 일이었다. 상호는 타고난 일꾼이어서 뭐든지 재빠르게 이것저것 척척 하고 다녔다.

건축업을 시작하면서 돈이 들어오기 시작하는데 감당하기 힘들 정도였다. 투자 대비 엄청난 이익이었다.

토지를 구입할 때 나는 지역을 따지지 않았다. 좋은 땅이 있다면 무조건 보러 다녔다. 그렇게 발로 뛰어다녀서인지 제주도, 전북 고창, 용인시 일대의 땅을 많이 샀다. 특히 용인 쪽을 좋아했는데 용인은 서울과 가깝고 산세가 좋아서 자주 가던 곳이다. 운명運命의 '서전瑞田농원'을 만난 것도 내가 그곳에 자주 간 인연 때문이리라.

제 4 편

새로운 가족

아내를 만나다

제1장

기차 안에서의 첫 만남

"김 사장, 결혼 안 해?"

서른이 가까워오자 주변 사람들에게 가장 많이 들은 말이다. 일하고 사업하느라 바빠서 결혼에 대한 생각이 별로 없었다. 나는 절대로 아내는 고생시키지 말아야 한다는 생각이 강했기 때문에 경제적으로 안정되면 그때 하리라 마음먹고 있었다.

서른이 되자 나는 서서히 결혼을 해야겠다는 생각을 했다. 사업도 잘되고 있었고 번듯한 2층 양옥집도 사놓은 상태였다. 무엇보다 나만의 인생과 행복을 찾고 싶었다. 여기저기 선 자리가 나면 보러 다녔다. 그러나 서로 마음에 드는 짝을 찾는다는 것은 쉽지 않았다.

어느 날 전라남도 광주에 사시는 이모님에게서 좋은 아가씨가 있으니 선을 보라는 연락이 왔다. 어머님의 성화도 있고 해서 나는 정해진 날짜에 광주행 새마을호 기차에 올라탔다. 선을 보러 가기 위해 머리끝에서부터 발끝까지 정성을 들여 말끔하게 하였다. 눈이 많이 내리는 겨울이 한창이었다.

기차에 올라타고 표를 확인한 후 좌석을 찾았다. 내 좌석 번호는 창측인데 그곳에 아가씨가 한 명 앉아 있는 것이 아닌가? 나는 비켜달라고 이야기를 하고 그곳에 앉았다. 아가씨는 내측(복도 쪽)이어서 내 옆자리에 앉았다. 아직 학생인지 얼굴에 솜털이 보송보송하였다(당시 아내는 21세 대학교 2학년이었다). 기차가 출발하고 한참이 흘렀다.

"이것 좀 드실래요?"

아가씨가 나에게 귤 반쪽을 휴지에 싸서 내밀었다. 나는 고맙다고 말하고 귤을 먹었다. 귤 하나도 그냥 주지 않고 휴지에 싸서 주는 행동이 참 마음에 들었다. 예의가 있는 여성이구나 하고 생각하였다. 그리고 또 한참을 가는데 점심시간이 가까웠다. 나는 귤을 얻어먹은 것에 답례도 할 겸 식당 칸에 가서 점심을 사겠다고 했다. 아가씨는 괜찮다고 했지만 내가 몇 번 더 이야기를 하자 마지못해 따라왔다. 가장 비싼 스테이크를 사주었다. 아가씨는 처음 먹어보는 음식인지 나이프와 포크를 쓰는 것이 매우 서툴렀다. 그 모습이 또 순수하게 예뻐 보였다.

"점심 맛있게 잘 먹었습니다. 언제 기회가 되면 제가 차라도 한잔 사겠습니다."

아가씨가 말했다. 나는 "그럼 전화번호라도 알아야 연락을 하지요" 하며 수첩을 꺼내 전화번호를 적어주었다. 아가씨는 종이를 접어 가방에 넣었다.

식사를 마치고 자리로 돌아왔는데 차장이 차표를 검사하였다. 아가씨가 표를 내미는데 일반인들과 다른 표를 가지고 있었다. 차표에는 '송정리 역장 딸 김삼열'이라고 쓰여 있었다. 나는 무심코 고개를 끄덕였다.

아내와의 첫 만남은 그렇게 끝이 났다. 너무 어려서 이성으로는 생각해보지도 않았고 그 이후로도 만날 일이 없을 거라고 생각했다.

광주에 도착해 이모님이 소개시켜준 여자 분과 선을 봤다. 호남전기에 다니는 경리 담당 여직원이었다. 둘 다 서로 마음에 들지 않아 한 번 보는 것으로 끝이 났다.

그 이후로 2년 동안 여러 번 선을 봤다. 한번은 전남대학교 교수의 처제였는데 독일에 간호사로 갔다 온 분이었다. 여자분은 내가 7남매의 장남이라 식구가 너무 많아서 싫다고 하였다. 따로 살림을 나야 한다는 조건이 있었다. 나는 부모님을 모셔야 하고 동생들을 시집 장가 보낼 때까지 돌봐야 한다고 했다. 여자 쪽에서 자연스럽게 연락을 끊었다. 나는 인연이 아니겠거니 하고 그만두었다.

나도 옛날 남자인지라 아내가 될 사람이 부모님 모시고 살림도 잘해주고, 성실하고 예쁘고 몸매도 늘씬했으면 하는 마음이 있었다. 언젠가 아들이 커서 나와 자동차를 타고 가는데, 대화를 하다가 여자에 대해 이런저런 말이 오갔다.

내가 "자고로 여자는 이뻐야 된다"라고 말하자 아들은 꽤 뜻밖이라는 표정을 지었다. 내가 워낙 아들에게는 완고하고 무뚝뚝한 사람이라 내 입에서 그런 말이 나왔다는 게 참 신선하다고 했다. 항상 아버지로만 여기다가 그 순간 아버지도 남자구나 하는 동질감을 느낀 것이리라.

2년 동안이나 짝을 찾지 못하고 고민을 하다가 나는 기차 안에서 만났던 김삼열을 떠올렸다. 왠지 다시 만나보고 싶다는 생각이 들었다. 송정리 역장 딸이었다는 것을 기억해내고 전라남도 광주역에 무작정 전화를 걸었다. 어떤 중후한 목소리의 남자 분이 받았는데, 2년 전 송정리 역장님 댁 전화번호를 묻자 흔쾌히 알려주었다.

나중에 안 사실이지만, 그때 전화를 받으신 분이 아내의 고

모부였다. 장인어른은 11남매의 장남이었는데 당신 외에도 당시 철도청에 근무하는 식구들이 많았다고 한다.

나는 광주에 사는 이모님에게 아내의 집에 대한 정보를 알아봐달라고 부탁하였다.

장인어른은 11남매의 가장으로 철도청 역장이었고 혼자 자수성가하여 동생들을 모두 돌보았다. 그리고 무엇보다 7명의 자녀들을 대학 공부까지 시킨 분이었다. 아내 김삼열은 6녀 1남의 형제 중 셋째 딸이었다.

당시 아내는 전라남도 광주 학동에 살고 있었는데, 나는 무작정 주소를 들고 그 집을 찾아갔다. 초인종을 누르니 얼굴이 동그랗고 인상이 좋으신 미래의 장모님이 나왔다. 나는 다짜고짜 "셋째 딸 김삼열이 시집을 갔습니까?" 하고 물었다. 장모님은 의심쩍은 눈초리로 아직 안 갔다 하였다. 그래서 나는 또 "삼열이 친구 은숙이(열 살 차이 나는 여동생의 이름)의 오빠인데, 광주에 간다 하니 안부를 물어달라기에 이렇게 들렀습니다" 하고 안심을 시켜드렸다.

다행히 아내는 그날 집에 있었고 차 한잔 하자고 불러내 다방으로 갔다.

"애인이 있냐?"

"없는데요."

"그래, 그럼 나랑 만나자."

아내는 나의 말이 농담인지 진담인지 모르겠다는 표정으로 나를 바라보았다. 나중에 안 사실인데 아내는 그냥 연애하는 기분으로 나를 만났지만, 나는 진심으로 결혼할 요량이었다. 아내도 내가 싫지는 않은 것 같았다. 우리는 그날 차도 마시고 금남로에 가서 저녁도 맛있게 먹었다. 나는 돈을 아낄 때는 악착같이 아끼지만 쓸 때는 또 과감하게 쓴다. 나는 아내를 위해서 찻값이나 음식값, 영화비 등의 데이트 비용을 아끼지 않았다. 뭐든지 가장 맛나고 멋진 것으로 해주려고 노력했다.

그날 이후 나는 매 주말이면 새벽같이 일어나 머리끝에서부터 단장을 시작하였다. 결혼을 하기 위해서는 나도 하나의 보기 좋은 상품이 되어야 한다고 생각했기 때문이다. 그래서 최대한 멋을 내고 광주로 향했다. 매 주말이면 내가 광주로 내려가고, 아내가 서울에 올라올 일이 생기면 서울에서 데이트를 하였다. 꽤 먼 장거리 연애를 한 셈이다.

1972년 아내와 함께 연애를 하던 시간은 지금 생각해도 내 인생의 가장 화창한 봄날이었다.

제2장

장인어른의 반대에 부딪히다

뭐든지 마음먹은 대로 잘 풀릴 것 같은 기분이 들 때가 있다. 당시 아내와 연애를 하던 시간이 꼭 그랬다. 그래서인지 나는 내가 저지르는 실수를 대수롭지 않게 여기고 있었다. 사실은 아내와 예비 처가댁에 잘 보이고 싶어서 거짓말을 한 것이다. 학력을 속였는데, 초등학교까지 다닌 걸 숨기고 중학교, 고등학교, 대학교까지 나왔다고 말하고 말았다. 문제는 그때부터 시작되었다. 장인어른이 내 뒷조사를 했고, 학력을 속인 것이 드러났다.

장인어른은 모든 사실을 안 이후부터 딸과 못 만나게 하였다. 나는 속이 타서 죽을 것만 같았다. 아내와 못 만나는 시간이 몇 주가 되고 점점 길어지자 미칠 것만 같았다. 이미 아내와는 정이 들 대로 들어서 다른 여자는 보이지도 않았다. 일도 손에 잡히지 않았다.

가을 나무들이 하염없이 낙엽을 떨구고 있던 어느 날, 굳은 결심을 하고 집을 나섰다. 가죽 재킷에 가죽 장갑을 끼고 단단히 채비를 하였다. 옷을 그렇게 입은 것은 뭔가 좀 당당하고 힘 있는 남자로 보이기 위함이었다.

기차를 타고 광주역에 도착해 택시를 타고 장인어른 댁으로 향했다. 장인어른은 일을 나가고 장모님과 아내, 그리고 처제가 있었다. 나는 집으로 들어가 무작정 안방 한가운데 털썩 주저앉았다.

"밥을 주지 않으시려거든 물이라도 한잔 주십시오. 그리고 불법 침입으로 신고하시려거든 신고하십시오. 저는 오늘부터 따님을 주시기 전까지 한 발짝도 못 나갑니다."

으름장을 놓았다. 또 나는 협박 아닌 협박도 하였는데, 따님을 다른 사람한테 시집보낸다면 거기까지 쫓아가서 그 집 앞에서 호떡 장사라도 하면서 괴롭힐 것이라고 했다. 얼굴이 새하얗게 질린 장모님이 어쩔 줄 몰라 하시던 것이 지금도 생생하다. 장모님이 좀 소녀다운 데가 있으신데 그 모습이 먹혔던 모양이다. 내가 가고 나서 아내에게 완전 사내다워 좋다고 하셨다고 한다. 그리고 딸 시집보내도 굶겨 죽이지는 않겠다며 웃으셨다고.

그 사건 이후로 마음을 연 장모님은 아내와 내가 몰래 만나는 것을 많이 도와주셨다. 나는 장모님의 마음을 얻은 후 장인어른을 공략하였다. 장인어른은 나를 만나는 것조차 싫어하셨으나, 나는 직장까지 찾아갔다. 그리고 진심을 다해 말했다. 대략 요약하면 다음과 같다.

'잘 보이고 싶어서 거짓말을 한 것은 정말 잘못했다. 그러나 따님에 대한 사랑은 진심이다. 결혼하면 절대로 고생시키지 않을 자신 있다. 공부를 하지 못한 것은 7남매의 장남으로 태어난 것이 죄라면 죄다. 공부를 하고 싶었으나 할 수 없는 형편이었다. 그러나 지금은 내 손으로 열심히 일해 이만큼 사업을 키웠으니 부끄럽지 않다.'

나는 장인어른이 승낙할 때까지 몇 번이고 찾아가서 이야기를 했다. 그러나 장인어른 성격도 만만치 않아서 아무리 이야기를 해도 끄떡도 하지 않았다. 장인어른의 반대가 너무 심하여 나는 포기할 뻔했다.

장인어른의 마음도 이해할 수 있었다. 대학까지 보낸 딸이 졸업반이 되어 결혼을 하겠다고 하는데, 신랑감이 나이는 아홉 살이나 많고 학력을 속이는 거짓말까지 했으니 오죽 마음에 안 드셨을까?

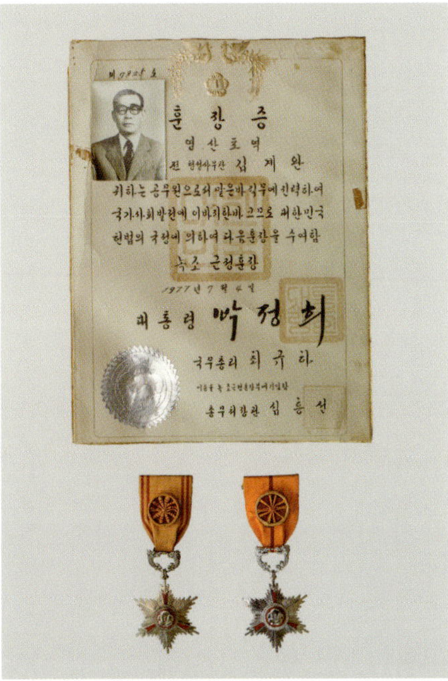

장인어른이 받으신
녹조 근정훈장

장인어른의 정년 퇴임

나 혼자 끙끙 앓고 있으니 식구들이 모두 안타까워했다. 어머님은 특히 나에게 미안해했는데 공부를 못 시킨 것을 마음 아파했다. 나는 괜찮다고 어머님을 위로했지만 사실은 마음 한구석에 서운함도 있었다.

왼쪽 아래 사진은 장인어른의 정년 퇴임식 날 찍은 사진이다. 왼쪽부터 처남, 큰처형, 장인어른, 장모님, 그리고 아내 김삼열이다. 아내는 지금도 예쁘지만 저 당시에는 나에게 미스코리아보다 더 예쁘고 아름다워 보였다.

이런 방법 저런 방법을 써도 장인어른의 반대가 꺾이지 않자 나는 점점 지쳐가고 있었다. 밥도 잘 먹지 않고 시름시름 앓는 아들을 위해 어머님은 특단의 조치를 내렸다.

어느 날 나와 같이 아내의 집에 가자고 하셨다. 나는 아내에게 미리 전화로 연락을 하고 식구들이 모두 있는 저녁 시간에 맞춰 어머님을 모시고 광주로 향했다. 어머님은 옷장에서 새 한복을 꺼내 입으셨다. 기차 안에서 어머님은 이래도 안 되면 이 결혼은 안 되는 것이니 포기하라고 하였다.

아내의 집 안방에 장인, 장모님과 어머님과 내가 앉았다. 장인, 장모님은 먼 길을 오셨다며 최대한의 예를 갖춰주셨다.

"죄가 있다면 부모한테 있다 하겠습니다. 교육을 시키는 것은 부모의 역할이니까요. 제 아들이 7남매의 장남으로 태어나 갖은 고생을 다 하며 식구들을 먹여 살렸습니다. 한번 약속한 것은 죽어도 지키고 성실하고 착합니다. 지금까지 혼자 고생하고 노력해서 사업도 크게 키워놨습니다. 그러니 너그럽게 모든 것을 용서하시고 딱 한 번만 저와 제 아들을 믿어주십시오. 이렇게 부탁드리겠습니다."

어머님은 고개를 숙였다. 아들을 위해서 대신 사과하고 고개를 숙이는 어머님이 아니었으면 이 결혼은 성사되지 않았을지도 모른다. 어머님이 장인어른 댁에 다녀오신 이후 꽤 많은 변화가 생겼으니 말이다.

어머님의 판단과 단호한 성격이 단번에 흐름을 바꾸었다.

그날 이후 장모님과 아내의 고모님이 서울에 올라와 나에 대해 여러 가지 조사를 하셨다 한다. 쌍문동 회사까지 찾아오셔서 당시 나와 친하게 지내던 아진교통 사장님께 나의 뒷조사를 하셨던 모양이다. 다행히 그 사장님은 나를 잘 알고 계신 분이라 김 사장이 세차장을 하면서 버스도 5대 갖고 있다고 말해주었고, 성실하고 성격도 좋다고 칭찬을 입이 마르도록 해주었다고 한다. 그리고 두 분은 동사무소에 가셔서 호적등본도 떼어보셨다고 한다.

장인어른은 어머님이 다녀가신 후 마음을 조금 푸셨는데, 본인도 11남매 장남으로 고생 고생한 경험이 있어서 7남매의

결혼식 기념사진

장남으로 태어난 나를 좀 안타까이 보셨다 한다.

어찌 되었건 장인어른의 허락이 떨어졌고 드디어 결혼식 날짜까지 잡게 되었다. 1973년 나는 33세, 아내는 24세였다. 결혼식은 광주 국제예식장에서 올렸다.

아내와의 결혼식 날은 지금 생각해도 너무 떨려서 생략한다.

제3장

신혼여행에서의 깨달음

신혼여행은 제주도였고 칼KAL호텔에서 묵었다. 당시 대부분의 신혼여행은 버스나 기차를 타고 가까운 온천을 찾는 것이 전부였다. 나는 고마운 아내에게 기억에 남는 신혼여행을 선물해주고 싶었다.

택시에서 짐을 내리고 호텔에 들어가는데 앞에 머리가 희끗희끗한 노부부가 손을 잡고 걸어가고 있었다. 바로 어제 부부의 연을 맺은 아내와 나는 그 모습이 참으로 고와 보였다. 몇십 년을 함께 산 부부의 등에서 아주 오래된 나무를 보는 것처럼 든든한 사랑을 보았기 때문이리라.

"우리도 저렇게 늙으면 손잡고 이곳에 다시 옵시다."

내가 말하자 아내가 고개를 끄덕였다. 끝까지 마음이 변하

신혼여행 때 묵은 호텔 앞에서

지 않고 나와 결혼해준 아내가 무척 고마웠다. 나는 아내의 손을 잡고 호텔 안으로 들어갔다.

위 사진은 머물던 호텔 앞에서 찍은 것이다. 아내는 카메라를 보고 있는데, 나는 먼 하늘을 보고 있다. 가족이나 사랑하는 사람에게 애정 표현이나 말을 다정하게 하던 시절이 아니라 팔짱을 끼고 사진을 찍는 것이 나에겐 무척 쑥스러운 일이었다.

1973년 당시만 해도 지금처럼 교통이 편리하지 않아서 제주도를 관광하기 위해서는 택시를 한 대 빌려야 했다. 하루 대여비는 3만 원이었고 택시 기사의 밥과 팁도 따로 줘야 했다.

숙소에 들어가 짐을 풀면서 어떻게 하면 관광 비용을 아낄까 생각하였다. 관광 비용을 아끼기 위한 좋은 방법이 생각났다. 나는 1층 로비로 내려가 프런트front로 갔다. 신혼여행을 온 부부가 몇이냐 물어보니 직원이 3팀이 더 있다고 하였다. 방 번호를 물어보니 알려주었다. 지금은 상상할 수 없지만 1970년대였으니 가능한 일이었다. 나는 각 방마다 전화를 걸어 여행 경비를 절약할 생각이 있느냐 물어보았다. 두 쌍은 거절을 하고 한 쌍이 좋다고 하였다. 만나고 보니 미국에서 온 교포 부부였다. 교포 부부는 혼인신고를 하고 산 지는 꽤 되었으나 신혼여행은 못 가서 고국으로 신혼여행을 온 것이라 했다.

교포 부부와 같이 택시 한 대에 타고 돌아다니며 식사도 같이 하고 이야기도 나누고 하였다. 교포 부부는 외국 생활을 해서 그런지 성격이 둘 다 활달하였다. 미국에 살면서 고생한 이야기도 들려주고 농담도 곧잘 했다. 사진 찍는 것을 좋아해서 우리 부부가 사진도 많이 찍어주었다.

식사를 하면서 내가 술을 마시지 않는다 하자 매우 안타까워했다. 담배도 피우지 않고 커피도 마시지 않는다고 하자 눈을 동그랗게 뜨고 나를 보았다. 나는 아끼는 것이 습관이 되어 이제는 아무렇지도 않다고 했다. 내가 왜 그런 것을 하지 않게 되었는지 말하자 그들은 매우 훌륭하다며 엄지손가락을 치켜 올려주었다. 왜 여행도 같이 다니자고 했는지 이해할 수 있다고 했다. 그렇게 해서 2박 3일의 경비가 반으로 줄어들었다. 아직 어리고 순수한 아내는 싫어하는 내색 없이 교포 부부와 잘 어울렸다. 나중에 아내는 나에게 짠돌이라고 놀렸지만, 나는 아낄 수 있는 것은 아껴야 한다는 주의다. 그 대신 밤에는 시장에 들러 신선한 횟감이나 전복을 사다가 직접 회를 떠주었다. 아내는 번거로우니 하지 말라고 했지만 직접 내가 만들어준 음식을 아주 맛있게 먹어주었다.

신혼여행 마지막 날 밤 아내와 함께 침대에 누웠다. 아내는 피곤했는지 금세 잠이 들었다. 결혼을 하고 신혼여행까지, 내 생에서 나를 위해 가장 큰돈을 써본 경험이었다. 그래서 곰곰이 이 생각 저 생각을 하고 있었다. 그러다가 나는 무엇으로 돈을 버는가 하고 생각해보니 '기술'이었다. 기계나 그와 비슷한 여러 가지 기술, 세차나 버스 운행 또는 집 짓기를 통해서 돈을 버는 것이다. 기술로 돈을 버는 것은 사무실보다는 밖에서 일을 해야 하고, 몸을 많이 움직여야 한다. 오로지 땀을 흘려 힘들게 돈을 버는 것이다.

그렇게 힘들게 번 돈이니 쓸 때는 어떻게 써야 좋을까? 돈을 쓸 때는 과감하게 또한 아름답게 써야 한다고 생각하였다. 돈은 '예술'처럼 써야 한다. 예술 작품은 아름답고 의미와 상징이 함축되어 있다. 돈을 쓸 때는 꼭 예술처럼 아름답게 의미를 담아 써야 한다.

이 당시에 했던 생각들이 먼 훗날 내 자서전의 제목으로 쓰일 줄은 몰랐다. 돈은 인생에서 매우 중요한 것인데, '버는 것은 기술처럼 벌고, 쓰는 것은 예술처럼 아름답게 써야 한다.' 어쩌면 이 깨달음은 내 인생을 한 문장으로 요약하는 말이라 하겠다.

신혼여행을 다녀온 후 아내는 친정인 광주를 떠나 시부모님과 형제들이 모두 모여 사는 2층 양옥집으로 들어왔다. 새벽같이 일어나 식구들의 밥을 하고 빨래를 하고 청소를 하며 그 집에서 5년을 살았다. 친정집에서 같이 온 가정부가 있었지만 나이가 어려 그다지 도움이 되지 않았다고 했다. 7남매의 맏며느리로서 아내의 고생은 이만저만이 아니었다. 결혼을 하면 고생을 시키지 않겠다고 했지만 뭐든지 마음먹은 대로 되진 않는 모양이다.

어머님 성격이 워낙 엄하여서 쌀을 씻을 때도 한 톨 흘리지 못하게 하시고, 보리차를 하나 끓여도 정성스럽게 끓여야 한다고 하셨다. 식구들 입이 많으니 생선을 구워도 아내는 살 한 점 맘대로 못 먹었다. 시집살이 아닌 시집살이를 호되게 하였다.

아내는 식구들이 미아리 송천동에서 방배동으로, 방배동에서 봉천동으로, 봉천동에서 관악구청으로, 관악구청에서 대치동으로 이사를 다니는 동안 시동생과 시누이들 결혼을 시켰고 부모님의 마지막도 함께 지켜주었다. 나의 가장 든든한 동반자이자 후원자였다. 맏며느리라는 것이 맏아들만큼이나 힘든 자리라는 걸 아내도 그때는 모르고 시집을 왔던 것이다.

제4장

아들이라는 이름의 새로운 가족

결혼을 했으면 분가를 해도 좋으련만 나는 살던 집에서 아내와 함께 그냥 살았다. 좋은 땅이 있으면 빚을 내서라도 사놓았기 때문에 여유 자금이 없었다.

1974년 봄 아내가 임신했다는 소식을 듣고 뛸 듯이 기뻤다. 아내의 소원이 피부가 하얀 아기라고 해서 매일 우유를 배달시켜 아내에게 주었다. 다른 식구들은 먹지 못하는데 아내만 주기가 미안해서 아이를 낳자마자 우유를 끊었다. 아내가 매우 섭섭해하였다.

점점 불러오는 배를 갖고 집안일을 하는 아내가 안쓰러워 보였다. 그러나 나는 어른들과 같이 사는 공간에서 아내에게 애정 표현 같은 걸 하는 스타일이 아니었다. 아내에게는 무뚝

뚝하고 과묵한 남편이었다.

가을 날씨가 한창일 무렵이었다. 10월 25일 밤부터 아내의 진통은 시작되었다. 새벽이 밝아오자 짐을 챙겨 아내와 병원으로 갔다. 초산이라 진통이 오래 지속되었고, 아내는 기진맥진하였다. 오랜 진통 끝에 아내가 건강한 사내아이를 출산하였다. 10월 26일 밤 10시 26분이었다. 어머님은 첫 손주라 매우 기뻐하였고, 나는 두말할 것이 없었다. 이름은 인간 세世, 빛날 윤潤을 써서 세윤이라 지어주었다.

세상에 나온 지 얼마 안 된 아들이 강보에 싸여 내 품에 안겼다. 얼굴도 잘생기고 손발이 길쭉길쭉한 것이 아주 마음에 들었다. 나는 자랄 때 제대로 못 먹어서 그런지 키가 작은 것이 좀 속상했는데 아들은 키가 크겠구나 하는 마음이 들었다. 나의 예측은 맞아떨어져서 지금 아들 키가 1미터 80센티가 넘는다.

아내에게 표현은 하지 않았지만 아들을 품에 안고 있으니 만감이 교차했다. 세상을 다 가진 것 같은 풍족한 마음이 들면서 나도 모르게 아이를 향해 웃고 있었다. 아직 말도 못 하는 아이지만 뭐든지 다 해주고 싶은 마음이었다.

아이도 보고 아내에게 고생했다는 말도 해주고 병원을 나오는데 가슴속에서 책임감이 솟구쳐 올랐다. 아, 어머니의 마

8개월 된 세윤이와 함께 인천 을왕리 바닷가에서

음이 이런 것이었구나 하고 짐작되는 것이 있었다. 이 세상에 태어난 아이에 대한 무한한 책임감이었다. 어떻게 하면 이 아이가 험난한 세상을 잘 살 수 있게 할 수 있을까 하고 생각하였다.

동생들이 태어나 자라는 것을 봐왔지만 그 감동과는 또 다른 것이 있었다. 아들이 하는 행동이나 말 한마디가 그렇게 예쁘고 자랑스러울 수 없었다.

아들은 어릴 적부터 존댓말을 잘해 동네 어르신들의 사랑을 듬뿍 받았다. 다섯 살 때에는 아버지 성함을 묻는 질문에 "성은 김씨고 이름은 병 자, 호 자입니다"라고 대답하기도 했다. 그때나 지금이나 잘생기고 듬직한 아들이다.

아들 세윤이는 성정이 매우 온순하여서 아내의 말을 잘 들었고 생전 말썽 한 번 피운 적이 없다. 하다못해 엄마 화장대 위를 흐트러뜨린 적도 없다고나 할까? 그런데 이것은 나만의 생각이고, 아내가 알고 있는 사건은 꽤 있는 듯하다.

아내가 기억하는 가장 큰 사건이 하나 있다. 세윤이가 중학교 다닐 때였다. 전화 요금 고지서가 나왔는데 국제전화 요금이 엄청 나온 것을 이상하게 여겨 아내가 전화국에 전화를 하였더니, "댁에 학생 없습니까?" 하더란다. "있습니다" 하였더니 "학생에게 물어보세요" 하더란다. 그날 밤 세윤이에게 물어보니 "나는 모르는 일이에요" 하더란다.

그리고 다음 날 아들은 학교에 갔다. 학교에서 돌아온 아들이 아내에게 이실직고以實直告를 했단다. 게임을 하느라 국제전화를 썼는데 혼날까 봐 거짓말을 했다고. 하루 종일 학교에서 공부도 안 되고 괴로워서 죽는 줄 알았다고. 물론 아내에게 아들은 호되게 혼났다. 그러나 아내는 나에게 비밀로 하였다. 나는 한번 화를 내면 불같이 화를 내기 때문에 겁이 나서 말하지 않았다고 했다. 모자지간母子之間의 비밀이었는데 아들이 성인이 되고 난 뒤에나 알게 되었다. 내가 워낙 아들에게 무섭게 하는 만큼 아내와 아들은 서로 비밀을 공유하는 동지同志가 되어 있었다.

사람들이 나에게 "왜 자녀를 하나만 두었습니까?" 하고 묻곤 하는데, 나는 확고한 신념이 있었다. 7남매의 장남으로 사는 것이 솔직히 벅차고 힘에 부칠 때가 한두 번이 아니었다. 그래서인지 나는 자녀를 많이 낳는 것이 싫었다. 아들이 있었으면 좋겠다고 생각했는데, 다행히 한 번에 아내가 아들을 낳아주었으니 고민할 필요가 없었다. 지금 생각하면 형제가 없는 아들에게 많이 미안한 일이다. 너무 일방적으로 내 생각만 한 것은 아닌지 후회될 때도 있다. 언제나 혼자서 자고 혼자서 학교 가는 녀석의 등을 볼 때마다 좀 쓸쓸해 보였기 때문이다.

아들 세윤이가 태어나고 여섯 살이 되던 해에 강남구 대치동에 위치한 아파트로 이사하면서 부모님과 가족들로부터 분가를 하였다. 내가 분가를 결심한 이유가 있다.

아버님과 어머님이 자주 다투셨기 때문이다. 아버님은 서울 생활을 하면서도 끝까지 가족에게 충실하지 못하셨다. 어머님이 가슴속에 그 화를 담아두고 계시니 하루가 멀다 하고 싸웠다. 나도 그것이 보기 싫었는데 내 아들에게까지 보여주고 싶지 않았다.

어느 날 아버님이 어머님과 싸우고는 밖으로 술을 드시러 나갔다. 세윤이에게 아내가 "가서 할아버님을 모셔 오너라" 했더니 아들이 "또 싸우실 텐데요" 하더란다. 그 말을 전해 듣고 나는 당장 이사할 집을 알아보았다.

내가 제일 싫어하는 것은 가난이요, 두 번째로 싫어하는 것이 부모님의 싸움이었다. 내 아들에게만큼은 그 둘을 절대로 물려줄 수 없었다.

제5장

자녀 교육은 유대인 교육으로

아내는 나에게 왜 그렇게 사람이 독하냐고 말할 때가 있다. 특히 아들에게는 더한 것 같다며 서운해하기도 한다. 그러나 나에게는 자식 교육에 대한 철학이 있었다. 세윤이는 집안의 장자長子이고 독자獨子이다. 할머니, 할아버지, 그리고 삼촌과 고모들까지 모두 저를 예쁘게 여기는 사람들 속에서 살았다. 나라도 엄하게 하지 않으면 자기 뜻대로 모든 것을 하려고 하는 나쁜 버릇이 들 것이 분명하였다.

사람들이 자녀를 물어볼 때 슬하膝下에 몇을 두었냐고 물어보는데, 슬하는 '무릎 아래'라는 뜻을 지니고 있다. 자식은 부모 아래에 있어야지, 자식이 귀하다고 오냐오냐하며 떠받들어 키우는 것은 큰 잘못이다. 그래서 나는 귀하고 사랑스러운 아들을 유대인처럼 강하게 키웠다. 독수리처럼 매섭게 키웠다.

독수리는 새끼가 어느 정도 날 수 있게 되면 벼랑 위에서 새끼를 떨어뜨린다. 새끼는 살기 위해 죽어라고 날갯짓을 하지만 나는 게 쉽진 않다. 한참을 떨어지고 나면 어미가 낚아채 벼랑에서 다시 떨어뜨린다. 이런 과정이 여러 번 반복되고, 결국 자신의 날개로 나는 새끼는 살아남고 그러지 못한 녀석은 떨어져 죽고 만다. 나는 아들이 이렇게 혼자서 강하게 살아남는 독수리가 되길 바랐다.

먼저 세상을 살아보니 세상은 참으로 험난險難하고 험난하기 때문이다.

나는 먼저 아들이 '인간'이 되기를 바랐다.

전라북도 부안의 시골 마을에서도 살아보고 서울에서도 생활하면서 참으로 많은 사람들을 만났다. 그러나 내가 만난 사람들이 모두 같은 사람이라고 할 수 없다. 사람의 탈을 쓰고 있으나 사람이 못 되고 짐승처럼 사는 사람도 숱하게 보았다. 내가 말하는 '인간'은 한 사회의 일원으로서, 다시 말해 국가의 시민, 한 가정의 가장, 누군가의 아들딸, 일을 하는 사람으로서 '예의禮儀'가 있는 사람이다.

예의를 갖추려면 삶 속에서 스스로 깨닫는 것이 무척 중요한데, 그러한 깨달음에 이르는 사람들은 생각하는 습관이 잘

되어 있고 그 생각을 실천에 옮기는 사람이다. 그 외에도 책임감과 정직, 부지런함 등 필요한 것이 많다. 나는 나의 아들이 한 인간으로서 '예'를 갖추는 사람으로 자라주었으면 하는 마음이 강했다.

지금 생각하면 그것을 가르치기 위해 너무 엄격하게 대한 것은 아닌가 싶은데, 이런 일도 있었다.

세윤이가 혼자서 방을 쓴 건 네 살 때부터였다. 우리 부부는 일찍부터 독립하여 스스로 자신의 방을 치우거나 정리 정돈하는 것을 가르치고 싶었다. 일찍 독립생활을 할수록 강하게 자랄 수 있다고 생각했다.

세윤이가 초등학교 1학년이었을 때 공부를 하다가 전깃불을 끄지 않고 잠든 적이 있었다. 아침에 아들 방에 가보니 전깃불이 켜져 있는 것이 아닌가? 당시 나는 바이올린을 켜는 헌 활대를 벽에 걸어두고 '사랑의 매'로 사용하고 있었다.

아들에게 "몇 대 맞을래?" 하니 아들은 잠에서 덜 깬 얼굴로 잘못했다고 빌었다. 나는 전깃불을 제대로 끄지 않아 얼마나 많은 전기가 흘러나갔으며, 이 전기를 만들기 위해 얼마나 많은 사람들이 애를 쓰는지에 대해 말했다. 그리고 내지 않아도 될 전기세는 누가 내는지 아느냐며 역정을 냈다. 아내는 아직 어린 나이니 그럴 수 있다고 말렸지만, 나는 그날 아들의 종아리를 여러 대 때렸다. 어린 아들은 엉엉 울었다.

나는 일부러 아들에게 더욱 엄격하게 했다. 자신이 쓰는 물건이나 돈을 함부로 대하지 않기를 바랐다. 내가 쓰는 물건이나 돈은 그냥 생긴 것이 아니다. 그것이 만들어지기까지 얼마나 많은 시간과 노고와 희생이 들어가는 것인지를 알려주고 싶었다. 그것이 내가 아들을 사랑하는 방식이었다.

초등학교 1학년 여름방학이었다. 아들을 데리고 무주 구천동의 덕유산을 오른 적이 있다. 정상까지는 아니었지만 족히 800미터 이상은 올라갔다. 물병을 내가 가지고 있었지만 나는 아들에게 산 정상에 오르기 전에는 물을 주지 않을 것이라고 미리 말을 하였다.

한여름이고 땀은 흐르고 험한 산을 계속 오르니 목이 마른 것은 당연하였다. 나도 힘이 드는데 초등학생인 아들은 오죽하였을까? 아니나 다를까 아들이 물을 달라고 하였다. 그러나 나는 절대로 물을 주지 않았다. 코로 숨을 들이마시고 입으로 뱉으면 목마름이 덜할 것이라고 알려주었다. 울며불며 더 이상 올라가지 않고 포기할 줄 알았건만, 아들은 내가 그만 가자고 할 때까지 묵묵히 따라왔다.

계곡을 따라 시원하게 보이는 능선을 바라보며 나는 아들에게 물병을 내밀었다. "사람은 물 한 모금 때문에 죽을 수도 있

아내와 아들 세윤과 함께 창덕궁에서

단다. 그러니 물 한 방울도 아껴 쓰고 소중히 여겨라. 또한 힘들게 일하고 죽을 것 같아도 물 한 모금 마시면 그 맛이 얼마나 달콤한지 알아야 한다."

당시 아들이 내 말을 이해했는지는 알 수 없다. 그러나 나는 전해주고 싶었다. 기름 장사를 하면서 그 힘들고 고통스럽게 일했던 나의 젊은 시절을. 냉차 한 잔 값이 아까워 사 마시지 못했던 나의 마음을. 그 고통이 있었기에 지금의 네가 있는 거라고 말해주고 싶었다. 아무리 시대가 달라져도 '일에 대한 자세'라든가 '돈에 대한 가치'라든가 하는 것은 부모를 통해 또는 교육을 통해 자손에게 잘 전해져야 한다고 생각한다.

두 번째로 아들이 경제관념經濟觀念을 알아야 한다고 생각했다.

아들이 초등학교에 들어가자 나는 매주 용돈을 주고 금전출납부金錢出納簿를 쓰게 하였다. 매주 용돈을 가지고 생활을 하고 잘 써서 남기면 다음 주에 더 많이 주는 식이었다. 언제부터인가 아들은 용돈이 항상 부족하다고 생각했는지 빈 병을 주워 팔기도 하였다. 빈 병이 한 개에 20원 정도였는데, 빈 병을 아무리 주워 팔아도 아이스크림 하나 사 먹기 힘들다는 것을 스스로 깨닫기도 하였다.

그러나 아들이 학교에 내는 돈이나 불우 이웃 돕기 금액은 별도로 넘치게 주었다. 남을 돕는 것에는 돈을 아끼지 말라고 가르쳤다. 내가 힘들게 살아온 세월이 있어서인지 남을 돕는 것에는 돈이 아깝다는 생각이 없었다.

하지만 나는 아들에게 용돈을 풍족하게 줘본 적이 없다. 생활비도 아내에게 적게 줘서 항상 아내의 원성을 들어야 했다. 어느 해인가 아내가 말했다. 자신은 생활비를 2백 받아서 아끼고 아껴 쓰는데, 여동생은 생활비로 5백을 받더라고. 그 사실을 알고 나니 자존심이 상한다고 했다. 그래도 나는 생활비를 올려주지 않았다.

내가 이렇게 지독히 아들에게 금전출납부까지 쓰게 하면서 경제관념을 가르친 데는 이유가 있었다. 자녀가 하나라고, 귀하다고 어린것이 사달라는 것 다 사주고 하면 돈에 대한 개념을 배우지 못한다. 그저 말하면, 우기면 부모한테서는 돈이 저절로 나오는 줄 알기 때문이다. 어린 시절에는 용돈이나 장난감이지만, 어른이 될수록 그 금액은 커지기 마련이다. 나는 돈을 어떻게 버느냐보다 어떻게 쓰는 것인가에 대해 먼저 가르치고 싶었다. 아이들은 돈을 쓸 줄만 아니까 그것을 먼저 가르쳐야 한다고 생각한 것이다.

초등학교 4학년이 된 아들이 한번은 자전거를 사달라고 한 적이 있는데, 나는 절대 자전거를 사주지 않았다. 다른 아이들이 타는 것을 부러운 시선으로 보고 있는 아들을 볼 때면 사줄까 하고 잠시 고민하기도 했지만, 너무 위험하다는 생각이 들었다. 하나밖에 없는 아들이라 위험에 노출되는 것이 마음에 걸렸다.

세윤이는 나에게 두 번 조르지 않았다. 내가 한번 안 된다면 안 되는 성격인지 알기 때문이다.

마지막으로 아들을 대한민국에서 최고학부까지 보내고 싶었다.

이것은 내가 가난 때문에 공부를 하지 못한 한이 있어서이기도 하다. 가난하면 자신의 꿈도 찾을 시간이 없다. 세상의 무수히 많은 꿈 중에 돈을 벌어야겠다는 가장 기본적인 것만 생각하며 살게 된다. 물론 이것이 나쁘다고 할 수는 없지만 참 재미없는 인생이 아니겠는가?

나의 아들은 자신이 진정 하고 싶은 일을 했으면 하는 마음이었다.

세윤이가 여섯 살일 때 분가해 나간 대치동 아파트는 5층이었다. 내가 5층을 고른 것에는 이유가 있다. 엘리베이터를 타기에 애매한 층이기 때문이다. 그래서 나는 아들에게도 항상 계단을 이용하라고 말했다. 평소에 걷거나 뛰어다니면서 다리 힘을 키우라는 의도였다. 나 또한 아들과 함께 계단을 이용했다. 그 집에서 아들을 대학에 보낼 때까지 15년을 살았다. 나는 한 번도 엘리베이터를 탄 적이 없다.

맹모삼천지교孟母三遷之教라는 말이 있듯이 나는 아들을 위해 아들이 대학에 들어갈 때까지 그 동네 그 집에서 살았다. 한동네에서 학교도 다니고 친구들도 많이 만들었으면 하는 마음이었다. 그리고 또 하나 매우 중요한 것은 아이가 공부를 하기 위해서는 안정적인 조건을 만들어줘야 한다는 것이었다. 이사를 하다 보면 전학을 하게 되고 전학을 다니면 공부하는 분위기가 흐트러지기 마련이었다.

공부를 시키는 부분에서는 아내의 힘이 컸다. 학교 자모회 활동을 초·중·고 내리 12년을 하였다. 아이가 자신감을 키울 수 있도록 특별히 신경을 썼다. 아들은 공부를 잘해서 학급 회장을 여러 번 하였다. 모범생이라 딱히 힘들게 키웠다고 할 것이 없다.

초등학교부터 미술에 재능이 있었는데 아무도 그것을 유심히 살피지 않았다. 그러다가 고등학교에 들어가자 본인이 미술대를 가겠다고 선언하였다. 나에게는 충격적인 발언이었다. 아들이라서 육군사관학교나 경찰대학에 보내 좀 강하게 키우고 싶었다.

"좋다. 그럼 2학년 성적을 톱으로 올려보아라."

내가 말했다. 당시 아들은 전교에서 5등 정도 하고 있었다. 그런데 아들은 결국 3등을 하고 2등을 하더니 기어코 1등까지 성적을 끌어올렸다. 녀석도 한번 한다면 하는 성격이다. 아들이 나와의 약속을 지키니 할 말이 없었다.

학교에서는 이런 성적으로 예체능을 지원한다고 오히려 더 난리였다.

고3이 되고 나서 나는 다시 한 번 아들의 계획에 반대하였다. 약속은 지켜야 함에도 불구하고 나의 욕심을 버릴 수가 없었다. 아들은 미술을 해서 최종적으로는 영화감독이 되고 싶다고 하는데, 내가 생각하기에는 뜬구름 잡는 소리 같았다.

어느 날 아들을 안방에 앉혀놓고 이야기를 하였다.

"아버지, 저는 그림을 그릴 때가 가장 즐겁습니다. 잠을 안 자도 즐겁습니다. 저를 믿어주세요."

"한 번만 더 생각해보면 안 되겠냐?"

"……."

아들은 한동안 말이 없었다. 한참을 그러고 있다가 입을 열었다.

"아버지, 아버지가 제 인생을 대신 살아주실 겁니까?"

나는 말문이 턱 막혔다. '이것은 나의 인생이니 나의 뜻대로 살게 해주십시오' 하는데 뭐라고 할 말이 있겠는가? 아들의 확고한 의지를 보고 나는 나의 욕심을 버렸다. 나의 욕심 때문에 자녀가 하고 싶은 것을 막아서는 안 된다고 생각했다. 아들은 이미 체격이나 키가 나보다 더 컸고 생각도 어른처럼 자라고 있었다.

그때부터 녀석이 하고 싶은 것을 적극 지원하였다. 학업을 위해 과외 선생님을 두는 것은 물론이고 미술 학원도 원하는 곳으로 다니게 하였다.

아직도 그날은 잊을 수가 없다. 나와 아내는 밖에 약속이 있어 손님들을 만나고 있었다. 전화를 걸어 아들의 대학 합격 소식을 들었다. 서울대학교 시각디자인학과였다. 나는 가슴이 왈랑거리고 눈물이 나려는 것을 참았다. 마치 내가 공부를 해서 서울대학에 합격한 것만 같았다. 아들이 곁에 있었으면 껴안고 볼에 뽀뽀를 했을지도 모른다. 무엇보다 열심히 한 아들에게 고마운 마음이 들었다. 자녀를 키우는 보람이 바로 이런 것이구나 하고 느낄 수 있는 순간이었다.

집에 돌아와보니 아들이 얼마나 이곳저곳에 합격 소식을 알렸는지, 누르는 버튼식 전화기의 숫자 버튼이 몇 개는 들어가서 나오질 않았다. 나는 나보다 덩치가 큰 아들을 껴안고 등을 토닥이며 고생했다고 말해주었다. 아들은 "제가 고맙습니다. 모두 부모님 덕분입니다" 하고 어른스럽게 말했다.

나는 그날 밤늦도록 잠을 이루지 못했다. 세상에 태어나서 가장 기쁜 일 세 가지만 뽑는다면, 아들이 서울대학교에 합격했다는 소식을 들은 날이 그 안에 들어간다. 아들을 잘 키웠다는 자부심도 있었지만 내가 공부하지 못한 한을 풀어낸 날이었다.

그 기쁨을 기념하기 위해 부부가 잘 차려입고 직접 학교에 가서 찍은 사진이 오른쪽 사진이다. 지금 생각해도 가슴이 뿌듯하다.

세윤이가 대학교에 입학한 후 나와 아내와 아들은 사후 시

세윤이의 대학 합격을 기념하며

신을 서울대 의대에 기증하기로 약정하였다. 서울대 의대생들이 시신이 부족하여 연구하는 데 어려움을 겪는다는 이야기를 들었기 때문이다. 아들이 다니는 대학에 조금이나마 뭔가 해주고 싶었다.

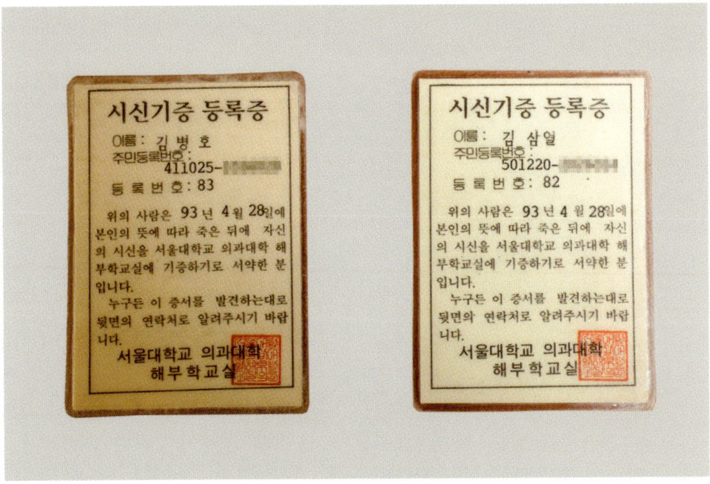

아내와 나의 서울대 시신 기증 등록증

입학 당시 아들은 안타깝게 과 톱을 놓쳤다. 2등의 성적으로 합격하였다 한다. 다음 학기부터는 장학금을 받으며 학교에 다녔다. 나는 등록금으로 받은 돈을 아들에게 쓰라고 했다. 아들은 그 돈을 자신의 미래를 위해 투자하였는데 영화 공부를 위해 해외 영화제를 다니곤 하였다.

내가 아들에게 엄하고 무섭게 한 반면 아내는 자상하고 따스하게 아들을 대했다. 아들이 대학에 합격하자 기쁜 마음에 신용카드를 한 장 만들어주었다. 그랬더니 신용카드를 처음 써본 아들이 친구들과 비싼 일식집에 가서 밥을 사고 술도 사고 했던 모양이다. 한 달 후 카드 명세서를 받아본 아내는 깜짝 놀라 신용카드를 다시 회수하였다. 아껴 쓸 줄 알았더니 터무니없이 많이 쓰고 다닌다며 단칼에 카드를 뺏어버린 것이다. 아내도 나 못지않게 구두쇠 기질이 있어서 그런 건 보지 못하는 성격이다. 부부 일심동체一心同體라고나 할까?

내가 이 사실을 나중에 알고 아내에게 왜 신용카드 같은 걸 만들어주었냐고 물었다. 부잣집으로 시집간 친구에게 시아버님이 마음대로 쓰라고 카드를 만들어주셨는데, 그게 그렇게 부러워서 자신도 해봤다고 했다. 그런데 주는 사람 마음과 쓰는 사람 마음은 완전 다르더란다. 평생 나에게 생활비를 타서 쓰면서 아끼고 쪼개 쓰는 것이 한이 되었던 모양이다. 그 말을 듣자 아내에게 무척 미안한 마음이 들기도 하였다.

아들이 군대에 갔을 때의 일이다. 군대 간 아들이 더욱 강해져서 돌아왔으면 하는 마음에 6개월은 면회도 가지 않을 것이라고 했다. 아무래도 아들이 힘들었는지 집으로 자주 전화를 걸어 안부를 물었다. 나는 아들에게 "전화비는 누가 주느냐? 여기는 걱정하지 말고 군 생활이나 잘해라"라고 모진 소리를 하였다.

그 후로 아들은 정말 6개월 정도 전화를 하지 않았다. 군 복무 하느라 힘든 아이한테 그런 모진 소리를 했다며 아내에게서 무척이나 질타를 받았다.

나는 세 장이 넘는 장문의 편지를 아들에게 보냈다. 부모님이 '힘들지, 우리 아들' 하고 받아주면 군 생활을 견디기가 더욱 힘들 것 같아서 그렇게 말을 한 것이지, 오해는 하지 말길 바란다는 내용이었다. 나는 내가 아끼고 사랑하는 사람에게 더욱 모질게 대하고 심한 말을 할 때가 있다. 상대방에게는 상처가 된다는 사실을 아들을 통해서 많이 깨달았다.

제5편

이별과 만남

부모님을 보내고 '서전농원'을 만나다

根農

제1장

어머님과의 이별은 환상통처럼

칠십이 넘은 지금도 나는 어머님 이야기를 하다 보면 눈물이 난다. 누구에게나 어머니는 소중하지만 나에게 어머니는 참으로 가슴 아픈 존재다. 어린 시절부터 가장 가까이에서 어머님의 고난과 슬픔을 보아왔기에.

사람의 인연 중에 가장 중요한 것은 부모님과의 만남이지만, 그것보다 더 중요한 것이 배우자와의 만남이다. 나는 복이 많아서 죽을 뻔한 나의 목숨도 살려낸 고마운 아내를 만났지만, 어머님은 안타깝게도 배우자 복이 없으셨다.

아버님은 평생을 집 밖에서 보내는 시간이 많았고 여자도 있었고 술도 좋아하였다. 어머님 생각에 아버님은 무책임하게 가족들에게 고통만 안겨주는 사람이었다. 말이 없고 표현을 잘 하지 않은 어머님 성격에 아마도 그 화를 고스란히 가슴에 안고 사셨을 것이다.

평생 어머님을 모시고 살고 싶었으나 부모님이 싸우는 모습을 보이기 싫어 세윤이가 여섯 살일 때 분가를 하였다. 분가한 이후 아내가 아침상에 굴비라도 구워 올리는 날이면 나는 아침을 먹지 못하였다. 어머님이 식사를 잘하고 계신가 하는 생각 때문에 음식이 넘어가질 않았다. 매주 주말이면 세 식구가 부모님 댁에 찾아갔다. 오죽하면 아내가 그냥 모시고 사는 게 나을 뻔했다는 말을 할 정도였다.

우리가 분가하고 나서 어머님과 아버님은 결국 별거를 하셨다. 아버님은 우리 집과 가까운 대치동에 살고, 어머님은 인천 항동 아파트에 사셨다. 끝까지 두 분 사이는 철길처럼 평행선을 달렸다. 그러던 와중에 어머님이 아프다는 소식을 들었다. 가족들이 서둘러 연세대학교 세브란스 병원으로 모시고 갔다.

신선암腎腺癌이라고 신장 안에 생기는 암이었다. 평소에 아랫배 쪽에 딱딱한 것이 만져졌다고 하는데, 자녀들에게는 말을 하지 않아서 알 수가 없었다. 의사 선생님은 이미 다른 곳에 전이가 되어서 수술을 해도 6개월을 넘기지 못할 것이라고 했다. 믿을 수 없었다. 아니, 믿고 싶지 않았다. 깊은 수렁 속으로 빨려 들어가는 것 같은 절망감이 엄습해왔다. 어머님이 없는 세상에서 어떻게 살아야 한단 말인가? 하늘이 원망스러웠다. 당시에는 아내와 함께 성당에 다니고 있었는데 신을 볼 수 있다면 신에게 묻고 싶었다. 왜 하필 지금이냐고.

수술을 해도 6개월이라 하니 어머님은 수술을 완강히 거부하였다. 그래서 일단 어머님을 집으로 모셨다. 가족들의 슬픔은 이루 말할 수 없었다. 하늘이 무너져 내리는 것 같은 커다란 충격이었다.

"어머님이 약해지셔서 이런 병이 생긴 겁니다."

감당할 수 없는 슬픔에 나도 모르게 어머님에게 화를 내고 있었다. 안방에 이불을 깔고 누워 계시던 어머님은 한동안 대답을 하지 않았다. 그러더니 눈물을 흘리며 말씀하셨다.

"이것이 내 잘못이란 말이냐. 사람이 태어나 죽는 것은 당연한 것이고 나이가 들면 모두 어딘가는 아파서 죽는 것이다. 그래도 핑계를 대자면 네 아버지 때문이고, 너희들 키우느라 힘들어서 그랬다면 어쩔 것이냐. 나도 억울하고 분하다. 환갑도 못 지내고 가는가 해서 나도 내 인생이 불쌍하고 불쌍하다. 지금 네 아픔이 나만 하겠느냐!"

나는 아차 싶었다. 내 슬픔에 못 이겨 어머님의 마음을 헤아리지 못하고 있었던 것이다. 바로 어머님에게 죄송하다고 사죄의 말씀을 드려야 하는데, 무뚝뚝한 아들은 그 말을 끝내 하지 못했다. 어머님의 아픔과 슬픔보다는 내 슬픔에 더 빠져 있었던 것이다.

동생들과 나는 민간요법民間療法이나 종교宗教의 힘을 빌려 보고자 갖은 방법을 찾아보았다. 암에 좋다는 음식이나 약초를 사서 드시게 하고, 어머님을 모시고 지인이 권하는 순복음교회 오산리 기도원도 찾아갔다. 금식 기도를 하면서 어머님의 쾌유快癒를 빌었다. 약 2주 정도의 시간을 오로지 금식과 기도로 채웠다. 기적이 일어나길 빌었다. 기도원에 다녀온 후 걷지도 못하던 어머님이 걸어서 화장실도 가고 해서, 가족들은 혹시 감쪽같이 병이 낫는 것은 아닌가 희망을 가져보기도 하였다.

그러나 그것도 잠시일 뿐 병세는 더욱 악화되었다. 설마설마하며 걱정하던 일이 일어나고 있었다. 고통으로 신음하는 어머님에게 약을 드리는 방법밖에는 할 수 있는 일이 없었다. 특히 밤중에 통증으로 신음하는 어머님을 지켜보는 일은 고문에 가까웠다. 항암 치료도 하지 않았는데 머리카락이 뭉텅뭉텅 빠지고 있었다. 될 수 있으면 저 고통으로부터 빨리 벗어났으면 하고 바랄 때도 있었다. 이미 나도 심신이 지칠 대로 지쳐 있었던 것이다.

그래도 나는 밖에 나가서 일하는 시간은 어머님의 그런 모습을 보지 않아도 되었지만, 아내는 24시간 어머님을 간호하였다. 씻기는 일부터 식사, 대소변을 치우는 일까지 기꺼이 마다하지 않았다. 어느 집이나 마찬가지이겠지만, 맏아들이 힘든 만큼 맏며느리는 더 힘든 법이다. 그래도 아내는 불평 한마디 하지 않았다.

어머님의 죽음을 받아들이고 나니 한 가지 해야 할 일이 떠올랐다. 죽음 이후에 어머님을 어디에 모실 것인지 그 장소를 보여드리고 싶었다. 이미 걷지도 못하는 어머님을 차에 태우고 경기도 용인시 수지구 신봉동으로 향했다. 이미 마음속에 정해놓은 어머님의 유택幽宅이 있었다.

나와 동생이 번갈아 어머님을 업고 산을 올랐다. 산 초입의 자리와 산 중턱의 자리 두 곳을 보여드렸다. 어머님은 산 중턱의 터를 마음에 들어 하셨다.

"내가 한 일도 없는데 … 이렇게 좋은 자리에 정승 묘처럼 좋게 해놨구나. 고맙다, 아들아. 고맙다 …."

어머님이 눈물을 슬피 흘리셨다. 나도 울고 같이 따라간 자녀들이 어머님을 부둥켜안고 눈물을 흘렸다. 나를 만들어 이 세상에 태어나게 해주시고 키워주신 어머님과 같이 보낼 시간이 얼마 남지 않았다는 사실을 받아들여야만 했다.

어머님은 본인 유택 완공 후 56일 만에 집에서 조용히 돌아가셨다.

1984년 12월 8일 나의 어머니 강종현, 60세였다. 날씨는 추웠지만 눈은 오지 않았다. 바람이 몹시도 강하게 불던 날이었다. 가장 가까이에서 나의 분신과 같은 어머님의 '죽음'을 지켜보는 것은 참으로 감당할 수 없는 슬픔이었다. 어제도 같이 이야기하고 식사도 하시던 분이 오늘은 안 계시는 것이다. 싸늘하게 식어가는 어머님의 손을 잡고 얼마나 울었는지 모른다. 그도 그럴 것이 부모님을 보내기에는 나는 아직 젊은 나이였다.

어머님의 임종을 지켜보고 장례를 치르느라 정신이 없었다. 장남이다 보니 모든 장례 절차를 챙겨야 했고 손님들을 접대해야 했다. 삼일장을 끝내고 가족들과 함께 어머님을 용인시 수지구에 마련해둔 장지葬地에 묻어드렸다. 어머님의 관이 땅속으로 들어가고 그 위에 흙이 덮였다. 나도 어머님을 따라 들어가고 싶을 정도로 어머님과의 이별은 힘들었다.

식구들도 모두 자신의 집으로 돌아가고, 아내와 나와 아들만 집에 덩그러니 남았다. 그때부터가 시작이었다. 가슴이 아리고 통증이 찾아왔다. 안방 문을 열면 어머님이 누워 계시는 것만 같고, '병호야!' 하고 어머님이 부르는 소리가 들렸다. 식구들과 둘러앉아 밥을 먹을 때면, 어머님은 저 차갑고 어두운

명예박사 학위를 받고 찾은 부모님 산소

땅 아래 묻어두고 나만 이런 따스운 밥을 먹어도 되는 것인가 하고 자책을 하기도 하였다. 어머님 생각이 나면 저절로 눈물이 났다.

어머님과의 이별은 너무 힘들었다. 6개월 정도의 준비를 하고 받아들였음에도 불구하고 적응이 되질 않았다. 환상통幻想痛이라고 있다. 사지가 절단된 사람이 그 신체가 없음에도 불구하고 있는 것처럼 아픔을 느끼는 것이다. 나에게 어머님과의 이별은 그와 같았다. 나의 신체 일부가, 아니 나의 심장 한쪽이 사라진 것 같은 통증을 느꼈다. 어머님이 떠오를 때면 항상 가슴을 쥐어짜는 것 같은 통증이 밀려왔다.

나를 낳아주시고 믿어주시고, 아낌없이 주는 나무처럼 나의 뒤에서 언제나 든든한 버팀목이 되어주시던 분이 사라지고 없는 것이다.

이런 통증은 어머님이 돌아가시고 10년 정도는 지속되었다. 그러나 그것도 세월이 흐르면 서서히 사라지게 마련이다.

제2장

아버님의 이름으로 장학금을 내놓다

어머님이 돌아가시고 3년 후에 아버님이 돌아가셨다. 1987년 8월 6일 한여름 장마철이었다. 아버님은 병원에서 죽는 것을 객사客死하는 것이라고 생각하셔서, 임종에 이르렀을 때 집으로 모셨다.

장례는 대치동 아파트에서 치렀다. 푹푹 찌는 한여름 더위 속에서 삼일장을 치렀다. 어머님이 돌아가신 지 얼마 되지 않은 터라 아내가 또 무척이나 고생이 많았다. 다른 가족들과 음식을 하고 상을 차려내고 일가친척을 접대하는 일을 맡아주었다. 나는 최대한 예를 갖춰 아버님을 보내드렸다.

아버님의 장례를 모두 치른 그날 밤 아내와 함께 정리를 하고 있었다. 조의금 봉투를 정리하던 아내가 갑자기 나에게 제안을 했다.

"여보, 이 돈으로 우리가 좋은 일을 좀 합시다."

"무슨 소리야?"

"아버님이 평소에 가족들한테 좀 이미지가 안 좋았잖아요. 아버님 이름으로 뭔가 좋은 일을 하면 아버님에 대한 평가도 좀 좋아지지 않을까요?"

"무슨 좋은 일?"

"조의금으로 가족 친지들 중에 공부하는 학생들한테 장학금을 내놓으면 어떨까요?"

아내는 나보다 아홉 살이나 어려서 항상 어리고 엉뚱한 면이 있다고 생각했다. 그러나 아내는 욕심이 없고 생각이 깊다. 어떻게 이런 생각을 다 했나 기특하게 생각되었다. 나는 두말하지 않고 그 의견에 찬성하였다.

친인척들에게 연락을 했다. 중·고등학생부터 대학생까지가 그 대상이었다. 아버님 장례 때 들어온 조의금을 한 푼도 남김없이 장학금으로 지급하였다. 조의금으로 들어온 돈을 헛되이 쓰지 않고 공부하는 아이들에게 장학금으로 전달하고 나니 등산 후 산 정상에서 바람을 쐬는 것처럼 기분이 상쾌하였다. 배고픈 시절 사흘을 쫄딱 굶고 밥을 먹는 기쁨과 견줄 만했다.

장학금 혜택을 받은 아이들이 감사의 전화와 편지를 보냈다. 아마도 이것이 나에게는 기부의 시작이 아니었나 생각된다.

당시 삼숙이라는 조카가 있었는데 고모님 손녀였다. 지금은 캐나다에 이민을 가서 살고 있는데, 어느 날 삼숙이에게서 전화가 왔다. 이런저런 안부의 말을 주고받다가 "아저씨, 그때는 정말 고마웠어요. 그 도움을 받고 저도 아저씨처럼 누군가를 도와주며 살아야겠다는 생각을 하게 됐네요"라고 몇십 년 전의 이야기를 꺼냈다. 삼숙이와 전화를 끊고도 한참 긴 여운이 남아 있었다.

사실 그 장학금을 주게 된 이유는 아버님의 이름에 조금이라도 빛을 내기 위해서였으나, 그것을 받은 사람 마음속에는 또 다른 기부의 싹이 자라나고 있었다.

"이제 아버님에 대한 안 좋은 기억은 잊고 좋은 추억만을 갖고 삽시다."

아버님이 돌아가시고 한참이 지난 후 아내가 말했다. 나는 아내의 말을 곰곰이 되새겨보았다. 생각해보니 나에게 아버님은 늘 원망의 대상이었다. 좋은 기억보다는 안 좋은 기억이 더 많았다. 이제 이 세상에 계시지 않으니, 살아 있는 사람이 그 기억을 갖고 있으면 무엇하겠는가? 나는 지나간 모든 것을 훌훌 떠나보냈다.

제3장

내 생애 첫 빌딩 짓기

1979년도에 버스 운수업을 완전히 접었다. 갖고 있던 버스를 모두 처분하고 부동산 산업에 뛰어들었다. 1980년대는 부동산 과열로 서울의 집값이 본격적으로 치솟았다. 그것은 당연한 결과로 인구에 비해 절대적으로 집이 부족했기 때문이다. 또한 경제적으로 풍요로운 사람들은 고급 주택이나 아파트를 선호하던 시기였다. 정부는 택지개발촉진법을 통해 주택의 공영 개발에 심혈을 기울였다.

1988년 서울올림픽을 전후하여 주택 수효는 더욱 늘어났고, 1987~90년 사이 서울의 아파트 시세는 매년 평균 25% 이상 상승하였다.

동생 상호와 사업자 등록을 하고 강남 쪽에 사무실을 얻었다. 사무실은 상호와 내가 살던 동네인 대치동과 가까웠다. 우리 형제는 대치동 같은 아파트 11동과 13동에 살았다. 상호와 나는 바늘과 실이라고 할 정도로 붙어 다녔다. 상호는 내가 장가를 가고 바로 장가를 들어서 아들 둘을 낳았다.

우리는 헌 집을 사서 리모델링을 한 후 다시 팔거나 땅을 사서 집을 지어 팔았다. 주로 현장 감독은 상호가 알아서 척척 해주었다. 상호는 타고난 일꾼이라 일에 대한 집중력도 좋았고 아랫사람을 잘 부릴 줄도 알았다. 그래서 뭐든지 믿고 맡길 수 있었다.

직접적으로 현장 일은 동생이 해주니 나는 땅이나 건물을 보러 다녔다. 여기저기 돌아다니던 중 평소에 잘 알고 지내던 지인이 좋은 땅이 있으니 보러 가자고 했다. 1980년대 초반부터는 빠른 기동성機動性을 위하여 승용차를 구입해서 타고 다녔다.

한양대학교 후문 쪽 4차선 도로 옆이었다. 차에서 내려 지인이 가리키는 방향을 살펴보았다. 땅은 매우 마음에 들었다. 도로변이었고 그곳을 지나다니는 유동 인구가 많았다. 더구나 대학가 주변이라 충분히 투자 가치가 있다고 판단하였다. 가격은 평당 80만 원이었고 약 1억 6,000만 원 정도면 살 수 있었다(1980년대 중반에 80킬로그램 쌀 한 가마니 가격이 3만

5,000원이었다).

땅 주인을 찾아가니 이미 다른 사람에게 팔렸다고 했다. 나는 한번 마음에 드는 땅이 생기면 꼭 그것을 사야 직성이 풀렸다. 그래서 사무실로 돌아와 저녁에 동생 상호를 만났다. 전후 사정을 설명하고 이 땅을 꼭 사고 싶다고 했더니, 계약한 금액에 웃돈을 주고서라도 사라고 했다. 역시 동생은 내 마음을 가장 잘 알고 있었다.

땅 주인과 계약한 사람에게 찾아가 웃돈을 주고 다시 재계약을 하였다. 그렇게 해서 나의 첫 빌딩 건설의 첫 삽을 뜨게 되었다. 땅 200평에 건평 540평 정도의 4층 건물을 올렸다. 그리고 옥상에는 동생 부부가 살 만한 살림집을 지었다.

건물 짓는 것은 일사천리一瀉千里로 진행되었다. 그동안 사두었던 땅 중에서 어머님의 고향 땅에 있던 것 등을 팔았다. 다시 그곳에 갈 일이 없을 것 같은 판단에서였다.

처음 땅파기를 하는 날부터 매일 그곳으로 출근하였다. 한 층 한 층 건물의 뼈대가 완성되는 것을 지켜보는 것은 매우 즐거운 일이었다. 땅에 건물을 짓는 것은 아무것도 없는 무無에서 유有를 만들어내는 일과 같다. 자녀가 이 세상에 하나 더 생기는 것과 같은 기쁨과 견줄 만하다.

건물의 뼈대가 완성되고 내부 마감 작업을 하는 것은 자녀를 초등학교에 보내고 중학교에 보내는 것처럼 이것저것 챙겨야 하는 것이 많다. 나는 동생과 의논하면서 창문 하나부터 화장실 타일까지 꼼꼼하게 골랐다.

이렇게 정성을 들여 드디어 나의 첫 빌딩을 완공했다. 이름은 '시대빌딩'이라고 지었다. 땅은 여기저기 사놓은 것이 많이 있었고 내 집도 있었다. 그러나 빌딩을 지어놓고 보니 재벌 부럽지 않은 기분이었다. 건물이라는 것이 주는 기쁨은 그 크기에 비례한다. 덩치가 클수록 많이 갖고 있다는 기분을 느끼게 해주기 때문이다.

빌딩이 완공되는 날 가족들과 함께 파티를 하였다. 파티라고 해도 기껏해야 나의 가족과 동생 가족이 고깃집에 가서 외식을 하는 것이었다. 나는 먹지 않아도 배가 불렀다.

과연 어머님의 점괘가 맞았다고 생각한다. 기름 가게를 시작한 다음 시골에서 가족들이 올라오고, 그 이후 동생 상호와 나는 모든 사업을 같이 하였다. 세차장을 비롯하여 버스 운수업, 그리고 부동산 사업까지. 두 형제가 힘을 합해서 하면 뭐든지 원하는 대로 풀렸다. 돈이 돈을 번다고 했던가? 땅을 사놓으면 땅값이 오르고, 건물을 지어놓으면 건물 값이 폭등하였다. 아마도 시대의 흐름을 잘 탔고 그 흐름을 잘 보는 안목이 있었기 때문이라고 생각하지만, 아무리 노력해도 하늘이 그것을 주지 않으면 소용이 없다. 그것이 돈이라면 더욱 그러하다.

시대빌딩에서는 매달 300만 원 정도의 월세가 들어왔다. 정확하게 반반으로 동생과 나누어 가졌다.

제4장

운명처럼 서전농원을 만나다

1980년대 대한민국은 축제를 준비하는 시간과 비교할 수 있겠다. 정치적인 부분에서는 민주화의 열풍이 강하게 불고 있었고, 경제적인 부분도 어느 정도 체계를 잡아가고 있었다.

어린 시절에 전쟁과 가난을 겪은 나로서는 더할 나위 없이 좋은 시절이었다. 1986년도에 아시안게임을 치르고 대한민국은 전체적으로 들떠 있었다. 2년 후에는 '88 서울올림픽'이 개최될 예정이었다.

그 즈음에는 사업을 상호에게 맡기고 나는 주로 좋은 땅을 보러 다녔다. 나이가 40대 중반이 넘고 보니 서울 근교에 농장을 사서 평생 전원생활을 하며 살고 싶은 마음이 들었다. 시골에 대한 향수를 갖고 있었던 것이다. 아침에 일어나면 파란 하늘이 보이고 집 문을 열고 나가면 나무와 숲이 있는 그런 곳이 면 좋을 듯싶었다.

마침 용인 쪽에 좋은 땅이 나왔다는 소식을 듣고 땅을 소개하는 분과 차를 타고 용인으로 향했다. 초가을이라 얇은 잠바를 걸치고 갔다.

처음 본 땅은 그다지 마음에 들지 않았다. 그런데 소개하는 분이 "이 근처에 농원이 하나 나와 있으니 그것도 보겠습니까?" 하길래 "좋습니다" 하였다. 그 땅이 바로 경기도 용인시 처인구 원삼면 좌항리 산 37번지 '서전농원'이다.

서전농원에 도착해 차에서 내렸다. 출입문을 통과하여 안으로 70~80미터는 족히 걸어 올라가야 했다.

길 좌우측으로는 밤나무가 심어져 있었고 밤나무마다 밤송이가 송이송이 탐스럽게 달려 있는데 보기만 해도 좋았다. 언덕을 오르니 집 한 채가 잘 지어져 있고 집 앞에는 훤하게 넓은 마당이 있었다. 집 주변이 밤나무 천지였다.

서전농원은 백두대간과 연결되어 있었고 전체적으로 완만했다. 전부 남쪽 방향을 향하고 있어서 뭘 재배해도 잘될 것 같은 좋은 땅이었다. 당시 나는 땅을 보러 다닐 때 풍수지리風水地理에 대해서도 공부를 했는데, 서전농원은 명당明堂에 가까운 좋은 기운을 갖고 있었다. 사람으로 치자면 아주 잘생겨

서전농원

서 많은 사람들이 좋아할 그런 기운을 갖고 있었다. 땅 부지는 5만여 평이 넘고, 2,800여 그루의 다양한 밤나무 품종이 심어져 있었다.

나는 그곳이 마음에 쏙 들었다. 내가 평소에 꿈꾸던 전원생활을 하기에 안성맞춤이었다.

어떤 사람이 복이 많아 이런 땅을 갖고 사나 하고 부러워하였다. 당시 전 한일시멘트 부사장님의 소유였던 그 땅에서는 밤농사를 하며 돼지와 곰 같은 동물을 키우고 있었다. 두 부부가 운영을 했는데 나이가 들어 더 이상 운영을 못 하게 되었던

서전농원의 밤나무

것이다. 부부가 슬하에 딸만 8명을 두었는데, 사위들도 농사가 싫다 하여 더 이상 어떻게 할 도리가 없었던 모양이다. 나중에 조사를 더 해보니, 농원을 팔기 위해 내놓은 지 3년이 지나도록 팔리지 않았다 하였다.

위 사진이 서전농원의 대부분을 차지하고 있는 밤나무이다. 2,800여 그루의 밤나무마다 저렇게 풍성하게 밤송이를 매달고 있다고 상상해보시라. 가을이면 장관이 따로 없다.

당장 땅 주인을 찾아갔다. 주인은 반백의 머리에 중후한 인상을 풍기고 있었다. 주인을 만나 "땅을 파시겠습니까?" 하고 물으니 이분이 처음에는 “아니요, 안 팝니다” 하는 것이었다. ‘거참, 이상한 분이네’ 하고 돌아 나왔다. 나오면서 생각을 해보니 가격을 더 받으려고 하는 속셈이 보였다. 굳이 팔지 않겠다는 것을 어쩌나 싶어 집으로 돌아왔다.

집으로 돌아왔는데 도저히 일이 손에 잡히지 않았다. 그 땅에 첫눈에 반한 것이 틀림없었다. 마치 상사병相思病에라도 걸린 듯 그 땅의 모양새가 생생하게 떠올랐다.

그럭저럭 지내다가 1년 후쯤에 다시 찾아갔다. 그랬더니 땅 주인은 이제 정말 팔 생각이 있는지 가격을 제시하였다. 나는 그 가격에는 안 산다고 딱 잘라 말했다. 팔려는 사람과 사려는 사람의 밀고 당기기가 시작되었다. 그런데 터무니없는 것은, 농원 주인이 내가 찾아가면 가격을 더 올리고 그다음에 찾아가면 가격을 더 올리는 것이었다. 아마도 내가 그곳을 무척이나 탐내고 있다는 속내를 알아챈 모양이었다.

당시 나는 밥을 먹을 때도 잠을 잘 때도 어떻게 하면 그 땅을 살 수 있을까 고민하였다. 거의 6개월 동안 밤에 잠을 제대로 자지 못했다. 꼭 사고 싶은데 사질 못하니 환장할 노릇이었다. 오죽하면 집에 놀러 온 처남이 “매형, 그러다 돌아가시겠어요” 하고 농담까지 할 정도였다. 가격을 두고 밀고 당기기를 또 1년을 하였다.

그러던 어느 날 농원 주인에게서 연락이 왔다. 그분도 서초동에 사무실을 하나 갖고 있었는데 그쪽으로 오라는 것이었다. 나는 이제야 계약을 하려나 보다 하고 기쁜 마음으로 달려갔다. 그런데 사무실에 앉자마자 주인은 가격을 또 올려달라고 했다. 나는 화가 나고 기분이 확 상해서 그 자리를 박차고 일어났다.

"계약을 하려면 하고 아니면 그만두십시오. 계속 이런 식이면 다시는 이곳에 오지 않겠습니다" 하고 밖으로 나와버렸다.

당시 그 사무실을 나올 때는 이 땅은 내 것이 아닌가 보다 하고 포기한 상태였다. 땅을 사지 못하게 생겼으니 실망감이 이루 말할 수 없었다. 뭘 해도 재미가 없었다. 그리고 며칠 후 땅 주인에게서 전화가 왔다. 내가 갖고 있는 한양대 후문 쪽의 시대빌딩과 현금 3억에 서전농원을 맞바꾸자는 조건이었다. 나는 고민하지 않고 그 조건을 받아들였다.

1988년 내 나이 48세였다. 대한민국은 서울올림픽을 개최하느라 온 나라가 축제 분위기였고, 나는 천하天下를 얻은 기분이었다.

서전농원을 계약하고 돌아오는 날 돌아가신 어머님이 생각났다. 어머님이 없는 곳에서 슬퍼하지 말고 땅을 어머님처럼 여기고 살아가라고 내게 주신 것만 같았다. 그렇게 운명처럼 서전농원을 만났다.

서전농원은 한자로 상서로울 서瑞, 밭 전田 자를 쓰고 있다. 이름처럼 좋은 기운의 농원이란 뜻이 좋아 그대로 사용하기로 했다.

그 땅은 처음엔 내 명의로 했다가 나중에 동생 상호와 정확히 반으로 나누었다. 그동안 상호와 나는 똑같이 일하고 똑같이 모았다. 그 결과물이 서전농원이었으니 정확히 반으로 나누어 가졌다.

내 명의로 되어 있던 지분은 카이스트에 기부하기 전까지 20여 년 정도를 갖고 있었다.

제5장

서전농원에서 가축과 밤나무를 키우다

본격적으로 농원에서 농사를 지은 것은 아니었다. 집은 강남에 있었고, 농원에는 농장장을 두었다. 농장장 부부가 농장을 돌보고 나와 아내는 관리를 하였다. 밤농사도 그대로 하고 사슴이나 곰, 돼지도 키웠다. 주말이면 가서 밥해 먹고 일하고 산책하고 동물들을 돌봤다.

오른쪽 사진은 1990년 초반에 찍은 사진이다. 농원에 가서 아내와 시간을 보낼 때면 나는 신혼으로 돌아간 기분이었다. 아내가 시집올 때는 부모님은 물론 시동생과 시누이들이 포도송이처럼 줄줄이 같이 살아서 신혼을 즐길 여유가 없었다.

이 시기에는 아들도 다 커서 오로지 둘만 오붓하게 시간을 보낼 수 있었다. 둘이 늦은 아침을 해서 먹고 밖으로 나가 산

1990년 초반 서전농원에서

책을 하며 느긋하게 농원을 걸어 다녔다. 농원 전체를 둘러보는 데 한나절이 걸렸다.

봄이면 꽃이 한창이어서 농원은 더없이 아름다웠다. 나는 정원도 직접 가꾸고 남는 땅에 곡식이나 채소도 재배하였다. 아내는 바구니와 작은 칼을 챙겨 들고 나와 쑥이나 나물을 캤다. 자연에서 느끼는 소소한 즐거움은 삶을 행복하게 한다. 나는 아내와 그 즐거움을 만끽하였다.

드디어 다음 해(1989년) 가을에 밤을 수확할 때는 한 달 정도 농원에 머물렀다. 친척이나 이웃들을 동원할 수 있는 만큼 불러서 밤 따기에 돌입하였다. 새벽 4시에 일어나 따뜻한 우유를 한 잔씩 마시고 남대문시장에 납품할 밤을 따고 고르는 일이었다.

밤을 따는 것도 일이지만, 가시가 있는 밤껍질을 벗겨내고 밤알을 꺼내는 일은 보통 힘든 것이 아니었다. 2시간 정도만 일하면 금세 어깨가 아프고 허기가 졌다. 아침 간식, 점심, 오후 간식, 저녁을 하느라 아내가 더 힘들었다. 그래도 농사를 지어본 사람은 알겠지만, 수확할 때의 그 풍요로운 기분은 어디서도 느끼기 힘든 즐거움이다.

밤알이 모이면 또 그것을 큰 것, 중간 것, 작은 것, 그리고 상처 난 것으로 분류하였다. 조생, 옥광, 이평 등의 명품 종 등을 분류하여 자루에 담았다. 상품성이 있는 것들은 납품을 하고 먹을 수 없는 것들은 사슴 먹이로 주었다. 그렇게 한 달 정도의 수확이 끝나면 나는 서전농원을 동네 사람들에게 개방하였다. 10월 1일부터 3일까지 무료로 개방하여 밤을 가져가게 하였다. 공짜로 밤을 주워 가는 사람들의 얼굴에서 웃음이 떠나질 않았다. 나는 내가 쓰는 물건이나 돈은 아끼지만 남을 위해 주는 것은 아끼지 않는다. 줄 때의 기쁨이 얼마나 큰 것인지 알고 있기 때문이다.

사실 그렇게 1년 농사지어 판 밤 값은 5,000만 원 정도였는

서전농원에서 키운 사슴과 함께

데, 1년 동안 들어간 경비나 인건비, 관리비 등을 제외하면 남는 것이 없었다. 나에게 농사는 돈을 벌기 위한 것이 아니었다. 그래도 그곳에 찹쌀이나 쌀, 콩, 깨, 호박과 같은 곡식이나 채소를 심어 먹으면서 즐거움을 느꼈다. 나는 지금도 내가 농부로 불리는 것을 좋아한다. 그래서 호號도 근농根農이라 지었다. 태생이 농부인지라 나의 마음속에는 항상 자연과 더불어 살아야 한다는 생각이 강하게 자리 잡고 있다.

서전농원에서의 특별한 즐거움은 그곳에서 동문회나 산악회, 테니스 회원들과 모임을 갖는 날이었다. 변산산악회와 부안향우회 사람들도 있었다.

사람들을 초대해서 그곳에서 재배한 음식으로 잔치를 벌였다. 남자들은 사슴 고기나 녹용도 마다하지 않았다. 처음엔 엘크를 키우다가 너무 덩치가 커서 그만두고 꽃사슴 50두를 키웠다.

나이 마흔을 넘기자 나는 버는 것보다 나누는 삶을 살고 싶었다. 음식도 나누고 시간도 나누고 같은 취미도 나누고 정도 나누고.

사람들과 어울려 함께 나누는 삶이야말로 기쁘고 즐거운 일이었다. 이 나눔에 동참하고 도와준 사람은 당연히 나의 아내였다. 아내가 기꺼이 그 일을 함께해주었기에 가능한 일이었다. 나는 아내에게 자상하게 나의 마음이나 생각을 표현하는 사람은 아니었다. 그러나 언제나 묵묵히 나의 곁에서 내가 하자는 대로 따라와준 아내가 아니었으면 그런 행복도 누릴 수 없었을 것이다.

나이 70이 넘어서야 나는 매일 아내에게 사랑한다는 표현을 말로 해준다. 젊은 시절에 왜 그런 말들을 많이 해주지 않았는지 참 안타깝다.

제6편

경영과 취미 생활

한국실업테니스연맹 회장이 되다

제1장

테니스를 통해 만난 사람들

나는 운동을 좋아한다. 서울 미아리에 살 때부터 아내와 함께 매일 운동을 하였다. 처음으로 시작한 것은 수영이었다. 새벽같이 일어나 같이 수영장에 다니며 수영을 배웠다. 물살을 가르며 헤엄을 치는 것은 매우 시원하다. 그러나 장소가 너무 좁고 사람이 많아서 운동 효과는 미미하였다.

서른네 살 즈음부터 테니스를 시작했다. 아내도 같이 배웠지만 나보다 재미있어 하진 않았다. 내가 테니스를 시작하자 동생 상호도 같이 배웠다. 이후에 골프도 쳐보고 다른 운동을 여러 가지 해봤지만 테니스만 한 것이 없었다. 골프는 게임을 하기 위해 골프장까지 이동 시간이 길었고 18홀을 돌 때까지 시간도 많이 들었다. 그러나 들이는 시간에 비해 운동량은 그다지 많지 않았다. 테니스를 하다가 골프를 하니 배가 나오고 살이 쪘다. 그래서 골프를 그만두고 다시 테니스를 시작하였다.

테니스는 매우 신사적인 스포츠이다. 중앙의 네트를 사이에 두고 선수들은 몸싸움 없이 각자 자신의 영역에서 움직이며 날아오는 공을 받아 치면 된다. 몸은 민첩하게 움직여야 하고, 몸을 움직이면서 머리를 많이 써야 하는 운동이다. 공이 날아오는 것을 예측함과 동시에 몸을 움직여야 하고, 받아 치는 공을 어디로 보낼 것인지 생각해야 한다. 탁구 경기와 비슷한 부분이 많이 있다.

테니스의 매력에 빠지자 그동안 즐기던 승마나 골프는 눈에 보이지도 않았다. 나는 일에서도 그렇지만 한번 하겠다고 마음먹으면 집중력이 좋다. 좋아하는 테니스 선수의 경기 모습을 보며 경기 운영 스타일 같은 것을 배웠다. 남자 선수로는 안드레 애거시Andre Agassi를 좋아했는데 그 선수가 입는 테니스 복이나 라켓을 구입하고 닮아보려고 애썼다. 애거시는 힘이나 스피드로 경기를 이끌어가는 다른 남자 선수와 다르게 좀 아기자기한 맛이 있었다. 내가 좋아하는 경기 스타일이었다.

나는 새벽 5시면 일어나 테니스장으로 향했다. 하루를 테니스로 시작한 것이다. 테니스장까지 가는 길에는 다리에 모래

테니스 코트에서

주머니를 차고 손에는 악력기握力機를 들었다. 스트레칭으로 몸을 풀고 준비운동을 했다. 아내가 테니스장으로 나를 찾으러 오면 허리를 오른쪽 왼쪽으로 계속 움직이고 있는 사람을 찾으면 된다고 했을 정도였다. 나는 잠시도 가만히 있는 법이 없어서 계속 몸을 움직였다.

테니스는 신사적인 운동이면서도 운동량이 많아서 좋다. 테니스는 공을 쫓아다니며 경기 내내 뛰어야 한다. 젊은 시절 전

아내와 함께 테니스 코트에서

차비를 아끼기 위해 달리기를 했던 경험이 내 몸속에 고스란히 남아 있어서인지, 경기 내내 이리 달리고 저리 달리는 것이 좋았다. 달리기를 하고 나면 온몸에 힘이 생기면서 진정 내가 살아 있구나 하는 환희를 느낄 수 있었다.

테니스를 얼마나 좋아했는지 해외여행이라도 가서 숙소에 누워 있으면 머리 위로 노란 테니스공이 어른거렸다. 얼른 테니스가 치고 싶어서 몸이 근질근질했던 것이다.

왼쪽 사진은 분당 푸른마을에 살 때 테니스 코트에서 찍은 것이다. 아내도 곧잘 테니스를 쳐서 나와 함께 테니스 코트에 나와 있는 시간이 많았다. 그날은 기분이 좋았는지 나의 팔짱을 껴주었다.

부부가 같은 취미를 갖고 시간을 보낼 수 있다는 것은 큰 축복이다. 아내가 싫어하지 않고 나에게 맞춰준 덕분이다.

대치동에 살던 시절 같은 아파트 단지에 탤런트 신충식 씨가 살았다. 테니스 코트에서 만나 형 동생 하는 사이가 되었다. 신충식 씨는 동네 옆집 아저씨처럼 편안한 사람이었다. 성격도 조용하고 차분해서 사람들에게 매우 인기가 많았다. 같이 테니스를 치고 밥도 먹고 차도 마시며 가까워졌다. 신충식 씨는 테니스 마니아인데, 나중에 테니스의 룰에 대해 공부를 하다가 정규 심판 자격증도 따고 테니스 전문 규정집도 책으로 엮어낼 정도로 테니스를 좋아했다.

아들이 대학에 들어가고 집을 분당으로 옮겼다. 그곳에서도 테니스를 계속했고 1998년도에는 성남시테니스협회 회장을 하였다. 아내는 일보다 테니스에 더 많은 시간을 투자한다면서 투덜거리기도 했지만 내가 워낙 좋아하는 운동이다 보니 말리지 않았다.

스포츠라는 것은 인간이 만들어낸 것들 중에 참 매력적인 부분이다. 돈이나 이익보다는 승부의 세계에 초점이 맞춰져 있기 때문에 순수하다 하겠다.

나 자신과의 싸움을 계속하면서 경기에서도 이겨야 한다는 자세를 가져야 한다. 아주 짧은 시간에 경험하는 인생의 축소판 같다는 생각이 들었다. 순수함과 열정, 땀이라는 단어로 함축될 수 있겠다.

테니스협회는 각자 자신의 일을 하면서 취미로 운동을 하는 사람들의 모임이다. 친목 도모의 성격이 짙었고, 순수하고 긍정적인 성격의 사람들이 많았다. 대회를 끝내고 나면 식사를 하거나 회식을 하는 일도 많았다. 그러다 보니 호형호제呼兄呼弟하는 사람들도 생기고 서로의 사업에 도움을 주기도 하였다. 회식을 하는 곳은 주로 서전농원이었다. 나는 사슴을 잡아 회를 대접하거나 녹용을 나눠 주기도 하였다. 사람들이 서전농원으로 모이는 날은 잔치가 벌어졌다.

제2장

한국실업테니스연맹 회장에 선임되다

신충식 씨가 어느 날 아침 경기를 마치고 나와 차를 한잔하자고 하였다. 우리는 카페에 들어가 차를 마셨다.

"김 회장님, 실업테니스연맹 회장을 한번 안 해보시겠습니까?"

"내가?"

"예, 김 회장님이라면 단체가 좀 더 전국적으로 잘 클 수 있는 계기가 되지 않을까 해서요. 테니스도 잘 치시니 좋고, 일도 잘하시니 딱 맞습니다."

"생각할 시간을 좀 주게."

나는 한동안 이 제의를 받아들일 것인지 고민하였다. 아무래도 이 일을 하다 보면 내 사업을 소홀히 할 수밖에 없기 때문이다. 물론 동생 상호가 모든 것을 알아서 해주고는 있었지만, 동생에게도 미안한 일이었다. 그러나 또 한편으로 나는 지금까지와는 전혀 다른 일을 해보고 싶은 도전 정신이 생겼다. 돈을 벌기 위한 일이 아니었기에, 순수하게 아마추어 테니스 선수들을 위한 마음과 열정으로 테니스계의 발전에 이바지하고 싶었다. 그만큼 테니스를 사랑하였다.

그리하여 1999년 내 나이 쉰아홉에 한국실업테니스연맹 회장이 되었다. 집행부 구성은 신충식 씨가 해주었고, 정민철 부회장과 임지호 전무가 같이 일을 하였다.

나는 기본적으로 회장이란 자리가 권위나 권력을 갖는 자리라고 생각하지 않았다. 단체를 위해 희생하며 발로 뛰고 물질적으로 도와야 하는 자리라는 인식이 강했다. 그래서 새벽 5시나 6시 사이에 테니스 코트로 나가면 경기장 진입로부터 청소를 하였다. 담배꽁초나 휴지, 마시던 음료수를 아무렇게나 놓고 가는 사람이 많았다. 경기장을 깨끗이 유지하는 것은 회원들 스스로가 해야 함에도 잘 지켜지지 않았다. 내가 먼저 솔선수범하자 다른 회원들이나 직원들도 동참하여주었다. 비가 온 다음 날이나 가을에 서리가 내리면 의자를 닦는 일도 가장 먼저 했다.

경기장 점검이 끝나면 그제야 사무실로 들어가 하루 일과를 시작했다. 주된 업무는 대회를 개최하는 것이었다. 전국적으로 대회가 열리는 것에 대비해 필요한 사항을 체크했다. 회원들 관리와 어린 아마추어 선수들을 프로 선수로 키워낼 수 있는 방안에 대해 의논하기도 하였다.

지방에서 경기를 할 때는 정신이 없었다. 준비 과정이 매우 많았고, 또한 경기가 진행되면 선수들의 부상이나 안전을 우선시해야 했다. 잠시도 긴장을 늦출 수 없었다. 나는 선수들과 함께 같은 숙소에 묵고 선수들과 함께 식사를 했다.

대회는 전국적으로 개최되었는데 가장 멀리서 대회를 개최한 것이 제주도이다.

다음 페이지 사진은 대회가 있기 전 대표자 회의 및 환영 만찬에서 인사를 하는 나의 모습이다. 여담으로 신혼여행으로 왔던 제주도 칼호텔에 몇십 년 만에 테니스연맹 일로 오게 된 것이 매우 기쁘다는 소감을 말했던 것으로 기억한다.

전국적으로 연맹을 이끌어가는 것은 매우 힘들었다. 연맹 공금이 있었지만 턱없이 부족하였다. 그리하여 나는 한번 대회를 치를 때마다 자비自費를 찬조금贊助金으로 내놓았다. 보통 한 대회당 2,000만 원 정도였다. 이익을 목표로 하지 않는 순수 단체이다 보니 경영을 하는 것은 매우 힘들었다. 테니스 연맹이 잦은 행사와 대회로 활동 영역이 넓어질수록 더 많은

한국실업테니스연맹 회장 시절

경비를 필요로 하게 되었다. 회장을 역임하는 동안 1억 5,000만 원 정도의 지원을 아끼지 않았다.

4년의 임기를 채웠는데 다음 회장의 적임자가 없어서, 건강에 이상이 생겨 그만두기 전까지 1년 반을 더 했다. 1999년 6월부터 2005년 1월까지 5년 넘게 연맹을 운영하면서 나는 최선을 다하였다. 나는 그 시간에 대해 자부심을 갖고 있다. 테니스연맹이 그 전보다 많이 활성화되었고, 테니스에 대한 인식이 좋아졌으며, 어린 테니스 선수들을 많이 키워냈다. 또한 나는 서전농원의 대표로서 농작물을 키우듯 정직하게 사람들의 눈높이에서 편견 없이 경영을 했다.

돌이켜보니 가장 후회가 되는 것이 하나 있다. 양재동 시립 테니스장에서 테니스를 칠 때였다. 당시 이명박 전 대통령과 박근혜 대통령이 그 테니스장에서 경기를 하곤 하였다. 두 분이 경기장에 오면 경기하는 모습을 지켜보기만 했다. 그때 두 분에게 게임 한판 하자고 권했으면 얼마나 좋았을까? 정말 후회가 된다. '그랬다면 두 명의 대통령과 테니스 경기를 해본 사람이었을 텐데'라고 사람들에게 우스갯소리를 한다.

제3장

평생 먹지 않던 술을 즐기다

열일곱에 서울로 상경하여 돈을 벌기 시작하면서 나에게 스스로 한 약속이 있었다. 그것은 술과 담배, 그리고 커피를 하지 않는 것이었다. 그런 것에 돈을 쓰는 것이 아까웠고 아낀 돈은 저금을 해야 한다고 생각했다. 그래서 그 약속을 평생 지키려고 노력했다.

그러나 서른 즈음해서는 커피를 마셨다. 달콤 쌉싸름한 맛이 좋아진 것은 아니었고, 사업상 사람들을 만나려면 마실 수밖에 없었다. 그래도 담배와 술은 하지 않았다.

나이 50이 넘고 테니스연맹 사람들과 만나면서 술도 한잔하게 되었다. 대부분 새벽에 운동을 하고 서너 명이 같이 아침식사를 하게 되는데, 사람들이 반주로 막걸리나 소주를 한잔씩 먹는 습관이 있었다. 하도 사람들이 권하여 나도 한잔씩 하던 것이 술을 마시게 된 계기이다. 그 이후로는 연맹 관계자들과 지방으로 출장을 가서 사람들을 만날 경우 회의가 끝나면 저녁과 함께 자연스럽게 술자리가 이어졌다. 여러 사람들이 만난 자리라 술을 주면 한두 잔씩 받아 마셨다.

나는 술이 몸에 받는 스타일은 아니었다. 한 잔만 마셔도 얼굴이 붉어지고 심장이 마구 요동을 쳐서 견디기 힘들다. 과하게 서너 잔을 마시면 토하기 일쑤다. 그러나 테니스연맹 일을 하면서 점점 술을 마실 자리가 늘어나게 되었다. 처음엔 한두 잔씩 마시다가 갈수록 주량이 늘어났다. 술을 마시면 좋은 점은 기분이 꽤 유쾌해진다는 것이다. 나는 그 기분이 싫지만은 않았다. 이렇게 소소하게 술을 마시는 재미를 느껴가던 중 즐겁고 기쁜 일들이 겹쳐서 일어났다.

2000년도 부산오픈테니스대회를 마치고 고속버스로 상경하는 길이었다. 버스가 휴게소에 들렀을 때 화장실에 다녀오다가 가판대에서 매일경제신문을 한 부 샀다. 신문을 훑다가 발견한 것이 있었다. 종로구 관철동 28-3번지 이명래고약(고약은 종기나 피부의 염증을 가라앉히는 데 사용하는 한약제로 만든 약이다) 본사 건물이 입찰에 부쳐진 사실을 알게 되었다.

집에 도착하여 아내와 아들과 상의하여 입찰에 응하게 되었다. 세 사람 명의로 경매에 참가하여 몇천 원까지 꼬리를 달아 세심하게 금액을 써 넣었다. 나중에 알고 보니 우리 식구들만의 단독 입찰이었다. 그 건물을 사고 융자를 받아 리모델링을 하였다.

서울대 시각디자인학과를 졸업한 아들 세윤이가 그 건물을 자신에게 임대해달라고 했다. 아들은 영화감독을 목표로 하고 있었는데 자신이 만들 영화의 제작비를 직접 벌고 싶다고 했다. 나는 아들에게 그 건물을 임대하고 다달이 임대료를 받았다. 2002년 2월 16일 아들은 그 건물에 '카페 뎀셀브즈'를 오픈하였다.

나는 아들을 키우면서 한 번도 아들에게 '이 재산은 네 것이다'라고 말한 적이 없다. '네가 하고 싶은 공부를 하게 해주었으니 앞으로 살 돈은 네가 스스로 벌어라'라고 말했다. 그래서 아들은 한 번도 내 재산이 얼마인지 궁금해하지 않았다. 그런 아들이 사업을 해서 스스로 살아보겠다고 하니 여간 대견한 것이 아니었다.

아들은 카페를 오픈하기 전에 이미 북유럽, 이탈리아, 독일, 미국 등지를 돌아다니며 커피를 공부하였다. 처음엔 커피 한 잔 팔면서 저리 요란을 떠나 생각했지만 지금은 그 생각이 완전히 바뀌었다. 나는 아들에게서 '장인 정신'을 배운다.

카페 뎀셀브즈 개업식에서 아내와 아들

올해로 13년째 카페를 운영하면서 아들은 한 번도 임대료가 밀리거나 힘들어서 사업을 접어야겠다는 말을 하지 않았다. 내가 특히 높이 사는 부분은 사람에 대한 투자이다. 매장 직원들은 모두 정식 채용 직원이고, 아르바이트는 쓰지 않는다. 서비스 업종이니만큼 직원 교육을 철저히 시킨다. 아들은 대기업처럼 직원들에게 교육비를 지원하기도 하는데, 80% 출석 증명서만 가져오면 어학원 등록비와 책값을 100% 대준다. 해마다 직원 네댓 명을 해외로 보내 공부를 하게 한다. 이렇게 실력을 쌓은 직원들이 세계 바리스타 대회에 나가 상위 입상을 하기도 했다.

내가 사업을 하던 시절과는 많이 다르다. 요즘은 창업주와 직원들이 가족처럼 같이 상생相生하는 사회적 기업이 늘고 있는데, 아들은 이미 10여 년 전부터 이것을 실천해왔다.

아들이 카페를 운영하던 중 영화사에서 일을 하던 여인이 한 명 찾아와 상담을 하였다. 아들은 그 여인이 맘에 들어 연애를 하였고, 드디어 2003년 3월 결혼에 골인하였다. 신라호텔 영빈관에서 양가 친인척 50여 명을 모시고 결혼식을 올렸다. 주례는 양쪽 집안의 아버지가 축사로 대신하였다. 축의금도 받지 않았다. 결혼식을 이렇게 치른 것에는 아들과 며느리의 의사가 강하게 반영되었다. 나와 아내도 적극 동의하였다.

집안에 새로운 식구가 들어오니 술을 아니 마실 수 없었다. 아들이 건강하게 잘 커서 배우자를 얻으니 내가 더 이상 할 일이 없어지는 것 같은 홀가분한 마음이 들었다.

2005년도에는 건강하고 영특한 손녀딸이 태어났다. 사람들이 '눈에 넣어도 아프지 않다'라는 표현을 많이 쓰는데, 나는 전에는 그 말이 무슨 뜻인지 이해할 수 없었다. 그러나 손녀딸을 품에 안고 보니 그 말뜻이 이해가 되었다. 내가 낳은 자식이 또 자식을 낳는 일은 기적에 가까운 일이다. 손녀는 보고 있는 것만으로도 아까울 만큼 예뻤다.

아들 세윤의 결혼식

사람들에게 축하주祝賀酒를 사지 않을 수 없었다. 만나는 사람들과 식사를 하며 술을 한잔씩 하였다. 이 기쁜 마음을 다른 사람들에게도 마음껏 나누어 주고 싶었다. 술을 마시면 그 기쁨이 세 배가 되고 다섯 배가 되었다.

당시에는 집에서도 아내와 포도주를 마시거나 하는 일도 잦아졌다. 커피와 술을 즐기게 되었다. 그만큼 내 삶에는 여유가 생겼다. 나이도 육십이 넘으니 악착같이 아웅다웅 살 필요가 없다는 생각이 들었다.

술을 마시니 그동안 살아보지 못한 세계가 하나 더 생기는 기분이었다. 그렇다고 술을 홍청망청 마신 것은 아니다. 적당하게 기분이 좋을 정도만 먹었고 운동도 꾸준히 하였다. 담배를 피우지 않겠다는 나와의 약속은 잘 지켜내고 있었다.

제7편

제2의 인생

뇌졸중과 싸워 이겨내다

제1장

어느 쌀쌀한 시월에

나는 건강에는 자신이 있었다. 육십 년을 살면서 감기약 한 번 먹어본 적이 없고 아무리 피곤해도 사람들이 흔히 먹는 박카스 한 병 약국에서 사 먹어본 적이 없었다. 새벽에 일어나 운동하고 잘 먹고 잘 자고, 매일 규칙적으로 생활을 했기에 건강에는 자신이 있었다.

2004년 내 나이 64세였다. 10월 12일 날이 쌀쌀해지기 시작할 즈음이었다. 나는 한겨울이 아니면 항상 반바지에 얇은 티셔츠를 입고 다녔다.

그날도 새벽같이 일어나 다리에 모래주머니를 달고 북한산을 올라가 운동을 한 후 내려와서 삼원 테니스장으로 향했다(수유리 쪽으로 이사를 갔을 때다).

회원들과 운동을 마치고 땀을 쫙 뺀 후 아침 식사로 청국장에 막걸리를 마셨다. 당시에는 이것이 하루를 시작하는 일과였다. 그날은 왠지 다들 기분이 좋아서 세 명이 막걸리 3병을 먹고 2차까지 자리가 이어져서 복분자주를 3잔 정도 먹었던 것으로 기억한다. 택시를 타고 집으로 돌아오는데 매우 괴로웠다. 집에 도착해서 출근을 하려고 했으나 영 컨디션이 좋지 않았다. 그래서 그날은 집에서 쉬었다. 하루 종일 기운이 없었다. 그러나 그때만 해도 좀 쉬면 나아지겠지 하고 별 대수롭지 않게 넘겼다.

다음 날 아침에 침대에서 일어나는데 무릎이 툭 꺾였다. 영 몸에 기운이 없었다. 소파에 앉아서 신문을 보고 일어나는데도 다리에 힘이 풀렸다. 곁에서 이런 나의 증상을 지켜보던 아내가 병원에 가보자고 했지만, 좀 쉬면 낫겠지 하였다.

평소에 워낙 건강해서 나는 스스로 건강을 과신過信하고 있었다.

2004년 10월 14일은 새벽 기온이 전날보다 뚝 떨어졌다. 반바지에 셔츠만 입고 집을 나서는데 꽤 추웠던 기억이 난다. 나는 아무렇지도 않게 테니스장으로 향했다. 회원들과 테니스 경기를 하는데 자꾸만 몸이 말을 듣지 않았다. 나는 회원들과의 아침 식사도 마다하고 집으로 돌아왔다. 뭔가 좋지 않은 예감이 들었다. 집에 도착하자마자 아내에게 얼른 119를 부르라고 하였다. 자꾸만 무릎이 꺾여서 서 있을 수 없었다.

잠시 후 119가 도착했는데 그때는 이미 집 앞 계단도 걸어 내려갈 수 없을 정도로 힘이 빠졌다. 결국 들것에 실려 앰뷸런스를 탔다.

가장 가까이 있던 연건동 서울대병원 응급실에 간 것은 기억이 난다. 그다음부터는 이미 의식이 없어져서 아무 기억도 나지 않는다. 아내의 말에 따르면, 내가 MRI 촬영에 들어갈 때는 소식을 듣고 급하게 병원으로 달려온 아들이 곁을 지켰다고 한다. 그러나 촬영 기계가 있는 곳은 보호자도 들어갈 수가 없어서 어찌할 도리가 없었다.

MRI 촬영을 마치고 나온 나의 얼굴은 엉망진창이었다고 한다. 의식이 없는 상태라 어떻게 된 건지 알 수 없지만, 앞니 두 개가 뽑혀 있었고 입술이 퉁퉁 부은 상태에서 피를 철철 흘리고 있었다. 지금 생각해보면 의료사고인 것 같지만 증명할 방법이 없다.

아내와 아들은 이미 내가 살 가망성이 없다고 판단하고 식구들에게 연락을 했다.

병명은 뇌졸중腦卒中이었다. 수술을 하면 더 위험해진다고 하여 급하게 수습만 하고 중환자실에서 집중 치료를 받았다.

의식이 돌아왔을 때는 며칠이 지났는지 알 수가 없었다. 의식은 돌아왔는데 몸은 움직일 수가 없었다. 의료 기기 소리나 간호사들이 왔다 갔다 하는 소리, 말소리는 들리는데 움직이지 못하니 답답하기 이를 데 없었다. 온몸에는 의료 기기가 달려 있었고, 대소변도 기저귀로 받아내고 있었다.

두 번이나 의식불명 상태가 되었다. 그때마다 의사가 와서 가망이 없다는 소리를 하였다. 나는 나도 모르게 묶여 있는 손과 다리를 번쩍 들었다. 내 느낌에 번쩍 든 것이지 조금 움직였던 것이리라. 기억나진 않지만 살고자 하는 나의 의지가 나의 몸을 움직였을 것이라고 생각한다. 그걸 본 의사가 다시 검사를 하고 좀 더 지켜보자고 말했다고 한다.

내가 죽는 줄만 알고 일가친척들이 면회를 왔다. 여동생들은 오빠가 불쌍하다며 울기도 하였다. 나는 뭐라고 이야기를 해주고 싶었으나 한마디도 할 수 없었다.

어느 정도 의식이 돌아올 때까지 중환자실에서 꼬박 40일을 있었다. 왼손과 왼쪽 다리에 마비가 와서 움직일 수 없었다. 등과 엉덩이, 종아리에는 욕창褥瘡이 생겼다. 그러나 욕창으로 인한 고통조차 느끼지 못했다. 내 인생의 최대 고비였다.

아내와 아들은 나의 마지막을 생각하며 이것저것 정리하려고 하였다고 한다. 특히 내 재산을 정리하려고 여기저기 알아본 모양이었다. 아들이 나의 재산을 확인하던 중 식구들이 알고 있는 것 말고도 사놓은 땅이 너무 많아서 깜짝 놀랐다고 한다. 그래서 가족들에게 나의 전 재산이 공개되고 말았다.

제2장

아내의 간호가 아니었더라면

대학에서 간호학을 전공하고 바로 나에게 시집을 온 아내 김삼열의 꿈은 중·고등학교에서 양호교사를 하는 것이었다. 결혼해서 살림하며 자녀를 키우느라 자신의 꿈을 실현하지 못한 아내에게 나는 항상 미안한 마음이 있다. 어쩌면 나는 정말 행운아인지도 모른다. 아내는 그동안 배운 전공 지식을 나를 간호하는 데 썼다. 아내에게 그토록 특별 간호를 받게 될 줄은 꿈에도 모르고 있었다.

중환자실에서 집중 치료를 받은 지 40일 만에 특실로 병실을 옮겼다. 그때부터 아내의 지극정성 간호가 시작되었다. 당시 몸은 움직일 수 없지만 의식이 돌아와 있어서 기억이 난다. 아내는 24시간 내 곁에 붙어 있었다. 특실로 올라가 아내가 가장 먼저 한 일은 병실 침대의 위치를 햇볕이 잘 드는 창가로 옮기는 것이었다. 그리고 일정한 시간마다 한 번씩 내 몸을 이리 돌리고 저리 돌리고 하면서 햇볕을 받을 수 있도록 했다. 자신보다 무거운 몸을, 그리고 힘도 전혀 쓰지 못하는 몸을 움직이게 하려면 쌀가마를 움직이는 것처럼 무척 힘이 든다. 그래도 아내는 두 팔을 걷어붙이고 나의 몸을 움직여주었다.

아내가 나를 돌보자 며칠 안 가서 욕창이 곧 사라졌다. 의식이 제대로 없어서 욕창으로 인한 통증을 느꼈는지 잘 기억이 나지 않는다. 다만 아내가 나의 몸을 움직일 때마다 내던 신음소리가 생생하게 기억날 뿐이다. 나는 이제 갓 태어난 아기처럼 아내가 해주는 대로 있을 수밖에 없었다.

아내는 아침이면 일찍 일어나 따뜻한 물에 수건을 적셔서 머리끝에서부터 발끝까지 내 몸을 닦고 작은 가제 수건으로 입 안을 깨끗이 씻었다. 닦기가 끝나면 아내는 나의 팔과 다리를 주물렀다. 주무르면서 나에게 계속 말을 시켰다.

"그렇게 건강하고 쌩쌩하던 천하의 김병호가 이렇게 누워 있으니 보기 안 좋다. 빨리 일어나서 예전처럼 테니스공도 치고 일도 해야지."

"……."

나는 대답을 하고 싶었지만 말이 나오지 않았다. 움직일 수 있는 오른손을 움직여 오케이 사인을 보냈다. 아내가 그것을 보고 웃어주면 나도 기분이 좋았다. 점심때까지 팔다리를 주무르다가 아내는 피곤한지 스르르 잠이 들곤 하였다. 아내의 머리 한번 쓰다듬어줄 수 없어서 마음이 아팠다.

자녀를 낳고 한방에서 몇십 년을 살았지만 아내에게 가장 부끄러운 것은 나의 대소변을 본 기저귀를 갈게 하는 것이었다. 그래도 아내는 아무렇지도 않게 나의 모든 것을 알아서 해줬다.

아들 세윤이가 어렸을 때 감기에 걸리면 나는 아들을 병원에 혼자 보냈다. 아내가 따라가겠다는 것도 말렸다. 자립심을 키워주기 위해서였다. 내가 아파 어린아이처럼 누워 있다 보니 어린 아들에게 너무 독하게 했다는 생각이 들었다.

이런저런 후회가 밀려왔다.

테니스 대회가 지방에서 열리면 도착한 날 밤에 나는 서울에 있는 아내가 보고 싶고 아내의 목소리가 듣고 싶어서 집으로 전화를 걸었다. 첫날도 걸고 둘째 날도 걸고. 그러면 아내는 둘째 날부터 마구 화를 낸다. 밤에 아내가 집에 있나 없나 감시하려고 전화를 한다고 오해한 것이다. 나는 절대 그런 이유는 없었다. 내가 어떤 말이나 행동을 했기에 아내가 그렇게 오해를 했을까 생각해보았다. 둘 다 서로에 대한 표현이 서툴

러서 생긴 오해였다.

나는 아내에게 진심으로 미안한 마음이 들었다. 사랑한다는 말도 자주 못 했다. 나는 말 대신 금전적으로 사랑을 표현한 사람이었다.

아내가 마흔네 살에 자궁에 혹이 생겨 수술을 한 적이 있다. 아들은 군대에 가고 없었고 보호자라고는 내가 전부였다. 아침 8시에 수술을 하기로 되어 있었는데 수술 시간이 변경되어 한 시간 빨리 수술실에 들어갔다. 내가 8시에 병원에 도착했을 때 아내는 이미 씩씩하게 혼자 수술실에 들어가 있었다. 수술을 받고 나온 아내의 얼굴은 창백하였다. 7남매의 맏며느리로 살면서 갖은 고생을 다 해 저런 병이 생겼나 하고 생각되었다.

아내가 병원에서 퇴원하고 난 후, 나는 차 한 대와 휴대폰, 경기도 남양주시 조안면의 땅을 아내 명의로 해서 주었다. 그 때까지 아내는 본인 명의의 휴대폰이나 차, 땅이 없었다. 선물을 받은 아내는 기쁠 법도 한데 안 좋은 척했다. 그렇게 둘 다 표현이 서툴렀다.

병실에 누워 아이처럼 아내에게 병간호를 받으니 아내가 참으로 고마웠다. 부모님 말고 어느 누가 이렇게 간호를 해주겠는가? 아내에게 진정으로 감사한 마음이 들었다. 아내가 지극 정성으로 씻겨주고 먹여주고 말도 시켜주고 보살펴준 덕분에

치료를 위해 아내와 함께 오른 청명산에서

몸이 점점 좋아졌다. 나는 이대로 죽을 수 없다고 생각하며 힘을 냈다.

병원에 들어온 지 두 달이 지나자 정신이 제대로 돌아왔고, 왼손과 왼쪽 다리는 움직일 수 없었지만 침대에서 일어나 앉을 수 있게 되었다. 그리고 보름 정도 있다가는 걸을 수 있었다. 몸이 점점 회복되자 말도 할 수 있게 되었다. 나는 명료하게 얘기를 하고 있다고 생각하는데 내 귀에 들리는 것은 웅얼

웅얼하는 소리였다. 아내는 몸이 더 건강해지면 좋아진다면서 나에게 힘을 북돋아주었다.

나는 다시 열심히 살아야 한다는 의지를 갖고 재활再活 치료를 받았다. 근력 운동과 언어 치료를 병행했다. 좌절이나 절망 같은 단어는 떠올리지도 않았다. 오로지 다시 건강해져야겠다는 생각뿐이었다.

내가 보이지 않는 곳에서 아마 아내는 많은 눈물을 흘렸을 것이다. 그러나 내 앞에서는 한 번도 눈물을 보이지 않았다. 항상 밝은 얼굴로 나에게 농담을 걸었다. 아내가 병실을 비우고 집에라도 잠시 다녀올 때면 나는 불안한 마음이 들었다. 간호사보다 아내를 더 믿고 있었던 것이다.

생각지도 못한 일이 내 인생에 일어났다. 갑자기 의식을 잃고 쓰러져 병원에 입원한 이후 115일 만에 퇴원하였다. 의료 기술이 나의 생명을 살렸으나, 다시 사람으로 살 수 있게 해준 것은 나의 아내 김삼열이다. 아내는 나에게 사랑하는 아들을 주었고 김병호가 제2의 인생을 살 수 있게 해주었다. 다시 한 번 이 자리를 빌려 아내 김삼열에게 감사의 말을 전하고 싶다. 그리고 사랑한다고 말해주고 싶다.

제3장

제2의 인생을 꿈꾸다

아내의 정성 어린 간호로 몸도 좋아지고 정신이 맑아지면서 많은 생각을 하게 되었다. 그동안 내가 살아온 삶을 어린 시절부터 반추反芻해보았다. 어머님에 대한 그리운 마음이 사무쳤다. 전북 부안의 시골집에서 어린 동생들의 끼니를 걱정하는 어머님의 쓸쓸한 얼굴. 7남매의 장남으로 무거운 짐을 지고 서울에 올라와 일이 힘들고 배고파서 밤이면 울던 시절. 사업을 시작하고, 가족들이 서울로 올라오고, 동생 상호와 갖은 고생을 하면서 돈을 벌고 …. 지나온 세월이 파노라마처럼 스쳐 지나갔다. 그리고 빌딩을 짓고, 그 빌딩을 서전농원과 맞바꾸고 ….

가난이 그렇게 싫어 돈을 벌기로 작정하면서 나의 삶은 점점 풍부해졌다. 내가 상상하던 것 이상으로 많은 부富를 축적하게 되었다.

내가 많은 돈을 벌게 된 것은 분명 나와 동생 상호가 죽을힘을 다해 노력했기 때문이다. 그러나 내가 노력할 때 곁에서 도와준 은인恩人들이 있었다. 사람이 살면서 누군가의 도움을 받지 않고 혼자 잘될 수는 없기 때문이다.

어린 시절부터 생각해보면 학교에서 나누어 주던 미 군수품이 첫 시작일 것이다. 나라가 가난하니 국민들이 남의 나라에서 준 음식을 얻어먹은 것인데, 결국 그런 음식을 먹고 내 몸의 일부가 성장한 것이다.

제일공업사 민 사장님, 서울여객 주 회장님은 은인 중에도 큰 은인이다. 사업을 시작하는 어려운 시기에 가장 많이 도와주신 분들이었다. 이후로도 사업을 하면서 여러 사람에게서 도움을 많이 받았다. 그 은혜를 갚아야 한다는 생각이 들었다.

그동안은 돈을 벌기 위해 살아온 인생이라면 제2의 인생은 어떻게 보낼 것인가에 대한 문제였다.

내가 돈을 쓸 때 언제 가장 기뻤는가를 생각해보았다. 부모님에게 잘해드리고, 나를 위해 고급 차도 사고, 아내에게 비싼 보석을 선물해주고, 동생들에게도 선물을 해주었다. 그러나 그런 것들은 나보다 받는 사람이 더 기뻐했다.

좀 더 곰곰이 생각해보니 아버님의 이름으로 친인척들에게 장학금을 줄 때였다. 공부하는 학생들에게 장학금을 주고 나니 그 기쁨은 이루 말로 표현할 수 없었다. 단순하게 누군가를 도와준다는 차원이 아니라 공부하는 학생들을 위한다는 목표가 정확히 있었기 때문이다.

신혼여행을 다녀오면서 깨달은 것은 돈을 예술적으로 쓰는 것이었다. 결국 진정한 예술적 돈 쓰기는 목표를 가지고 내가 아닌 타인을 위해 돈을 쓸 때였던 것이다.

예술藝術이 갖고 있는 최고의 즐거움은 자신만이 할 수 있는 창조 활동이다. 나는 돈을 쓰되 내가 즐겁게 최고의 가치價値를 두고 쓰는 방법을 찾은 것이다.

내가 살아 있는 동안 나의 재산을 어떻게 써야 예술적으로 쓸 수 있을지 고민하게 되었다. 평소 아들이나 아내에게는 내가 갖고 있는 모든 것은 사회에 환원하고 갈 것이라고 말했었다. 나는 그것을 실천할 때가 왔음을 직감한 것이다.

제8편

기부의 시작

돈은 예술처럼 써야 한다

제1장

부안군 나누미 근농장학재단

뇌졸중으로 병원에 입원해 있을 때 많은 사람들이 병문안을 왔다. 친인척들을 포함하여 친구들, 동호회 사람들, 향우회 사람들도 있었다. 그중에 전북 부안군 김종규 군수도 있었다.

김종규 군수는 일정 때문에 바쁜 와중에도 두 번이나 병문안을 와주었다. 두 번째 방문할 때 김종규 군수는 쾌유를 빌며 어여쁘게 생긴 난 화분과 봉투를 건네주었다. 김종규 군수는 부안군 향우회 활동을 하면서 알게 되었다. 부안군을 위해 열심히 일을 하는 정치인이었다.

아내는 우리 옆에서 과일을 깎아주었다. 군수와 안부의 말을 주고받다가 나는 고향 마을에 좋은 일을 하고 싶다는 생각을 전했다.

"혹시 군내에 밥을 굶는 아이들은 없습니까? 결식아동들을 돕고 싶습니다."

"요즘 굶는 아이들은 없습니다. 국가에서 관리하고 있어요. 정 그러시다면 부안군 학생들을 위한 장학회를 만드는 것은 어떻겠습니까?"

"그거 좋은 생각입니다. 한 달에 1,000만 원씩 보내는 걸로 하지요."

내가 말을 마치자 옆에서 가만히 두 사람의 이야기를 듣고 있던 아내가 말했다.

"당신 죽고 나면 내가 매달 그것을 하겠어요. 그러지 말고 한꺼번에 1억이든 2억이든 냅시다."

"한꺼번에?"

"네, 그게 낫지요. 목돈이 들어와야 군에서 일하기도 편할 것이고."

가만히 보면 나보다 아내가 더 통이 크고 결단력이 있다 하겠다. 아내의 말이 끝나자 군수의 얼굴이 해바라기처럼 활짝 피어났다.

"마침 통장에 대출받은 돈이 들어와 있으니 3억을 냅시다." 아내가 말했다.

뇌졸중으로 쓰러졌던 안 좋은 기억이 있어서 살고 있는 수

유리 집을 팔고 청와대 앞쪽 효자동에 집을 사려고 은행에서 융자를 받아놨던 금액이었다. 아내는 한술 더 떴다.

"현금으로 내는 거라 군수님이 내려가시면 마음이 변할지도 모릅니다. 그러니 계좌 번호를 주시면 지금 이체를 해드리지요."

"네? 정말요?"

그 말에는 군수마저 깜짝 놀랐다. 나도 적잖이 놀라서 아내의 얼굴을 바라보았다. 아내는 진심이었고 당장 실행에 옮길 기세였다. 나는 웃으면서 좋다고 하였다. 아내는 은행에 전화를 걸어 그 자리에서 3억을 이체하였다. 군수는 감격한 얼굴로 몇 번이고 감사하다며 인사를 하였다.

군수가 돌아가고 아내와 나만 병실에 남았다. 나는 결단력 있는 아내가 참으로 멋지게 보였다. 처음이니 작은 금액으로 시작해보려고 했던 내가 좀 부끄러웠다.

"당신은 어디서 그런 배짱이 나와?" 내가 말했다.

"나는 2억만 있어도 살 수 있으니까 … 남을 위해 어차피 쓸 거 통 크게 쓰면 좋잖아요."

아내는 항상 입버릇처럼 말했다. 자기는 2억만 있어도 평생 잘 살 수 있을 것 같다고. 아내는 돈에 대해 욕심이 없다. 아무리 돈이 많이 있어도 돈에 대한 욕심이 있는 사람은 몇 억이라는 돈을 척 내놓지 못한다.

이후에 수유리의 집이 7억에 팔렸다. 우리 부부는 그 돈도 부안군에 장학금으로 내놓았다. 아내와 함께 더 의논한 결과 장학금 재단을 설립하고 운영하려면 그 정도의 규모는 있어야 될 것이라는 판단에서였다.

오른쪽 사진은 2008년 김종규 군수와 함께 우리 부부가 장학금 기탁식을 기념하며 찍은 것이다. 당시에는 몸이 불편하여 움직이기 힘들어서 군수가 직접 집까지 찾아와주었다.

나의 호가 근농根農인데 그 호를 따서 이름은 '부안군 나누미 근농장학재단'이라고 하였다. 공부를 하고 싶지만 어려운 형편에 돈이 없어서 공부하지 못하는 학생들의 교육비로 내 돈이 쓰인다고 생각하니 마음이 뿌듯하였다.

부안군 나누미 근농장학재단은 기부라는 것을 생각한 이후 처음 실천한 것이었다. 사람이 진정으로 아는 것은 머리로 아는 것이 아니다. 머리로 아는 것을 몸으로 실천할 때 진정 아는 것이라고 하였다. 10억을 기부하고 기탁식을 치르니 진짜로 내가 어떤 행동을 했는지 명확하게 와 닿았다. 나 혼자만 잘 먹고 잘 사는 것이 아니라 더불어 이웃과 함께할 수 있어서 행복했다.

기탁식을 치른 그날 밤 아내와 함께 와인을 한잔 마셨다. 농

부안군 나누미 근농장학재단 장학금 기탁식에서

담처럼 나는 아내에게 물었다.

"평생 생활비도 펑펑 쓰지 못하고 살았는데 억울하지 않은가?"

"당신이 전 재산 사회에 다 환원하고 간다고 귀에 못이 박히게 말했잖아요. 그리고 좋은 일 하는데 뭐가 아깝겠어요. 오히려 기쁘고 행복한데요. 그리고 당신이 하도 그동안 땅을 많이 사놔서 그거 팔면 죽을 때까지 다 못 쓰고 죽겠더만. 하하하하."

아내가 웃었다. 나도 덩달아 따라 웃었다. 아내는 기꺼이 즐거운 마음으로 나와 함께 기부에 동참해주었다. 아무리 내가 가진 것을 사회에 환원하고 싶다고 해도 아내가 동의하지 않으면 불가능하다.

그 이후 2009년도 부안군에서는 부안군 교민의 날에 나에게 '전북도민회 으뜸상'을 수여하였다. 지역 청소년에게 꿈과 희망을 심어준 데 대한 고마움을 전달한 것이었다. 상을 받자고 한 것은 아니었지만 상을 받으니 또한 기분이 좋았다. 칭찬은 고래도 춤추게 한다고, 나의 기부의 뜻을 사람들이 알아주어 그 기쁨이 매우 컸다. 상금으로 나온 300만 원은 다시 부안군에 기부하였다.

뇌졸중 이후 나는 왼손과 다리가 불편했다. 재활 치료를 꾸준히 받고 있지만 몸이 정상으로 돌아가는 것은 불가능했다. 평소 생활의 불편한 부분을 아내가 다 돌봐주고 있다. 아내는 자신의 삶을 어느 정도 희생하며 나를 위해 살고 있다. 진정한 기부를 실천하고 있는 것은 아내가 아닌가 하고 생각한다.

광주행 기차 안에서 처음 보았던 21세의 아내보다 지금이 훨씬 예쁘고 아름다워 보이는 것은 아내의 심상心想이 연꽃처럼 은은하게 피어나기 때문이리라.

제2장

카이스트 서남표 총장님을 만나다

2009년 봄이었다. 5월 즈음이어서 철쭉이 한창 피고 있었다. 아침을 먹고 매일경제신문을 읽고 있었는데 눈에 띄는 기사가 있었다. 아래는 그날 신문에 실린 기사 전문이다.

> 서남표 총장 "R&D 시스템 완전히 바꿔야"
>
> "세계적인 혁신클러스터가 되기 위해서는 현 연구개발(R&D) 시스템을 완전히 바꿔야 한다."
>
> 서남표 KAIST 총장은 12일 지식경제부와 대덕연구개발특구지원본부가 개최하고 매일경제신문사가 후원한 '2009 대덕 국제혁신클러스터 콘퍼런스'에서 이같이 주장했다.
>
> 서 총장은 '혁신이론'을 주제로 한 기조연설을 통해 정부가 매

년 대덕연구단지에 3조~4조원 가까이 R&D 투자를 하고 있음에도 불구하고 세계적인 혁신클러스터가 되지 못하고 있는 것은 R&D 시스템 개선이 이뤄지지 않고 있기 때문이라고 지적했다.

"영국이 18세기 증기기관을 발명하면서 세계적인 혁신국가로 자리 잡았는데 이렇게 된 것은 당시 인류에게 가장 중요한 문제를 해결했기 때문입니다. 우리나라 연구클러스터들이 세계적 혁신클러스터로 인정받기 위해서는 현재 인류가 당면한 가장 중요한 문제에 대한 해결책을 낼 수 있어야 합니다."

많은 전문가들이 '혁신'에 대해 이야기를 하고 있지만, 혁신에서 가장 중요한 포인트는 '이전 상태보다 확실히 다른 것을 찾아내 상품화함으로써 최종 생산물의 경제적 가치를 증대시키는 것'이라고 서 총장은 주장했다. 그는 "글로벌 경제에서 혁신 주도권을 잡기 위한 도구는 과학기술"이라며 "과학기술계에 1조원을 투자하면 10개 사업을 할 수 있고, 이 가운데 하나만 성공해도 본전을 찾을 수 있기 때문에 더 많은 투자가 필요하다"고 강조했다.

이 때문에 KAIST가 앞장서서 21세기 인류에게 가장 필수적인 문제들을 해결해 세계 최고가 되는 것을 목표로 한다고 서 총장은 설명했다.

서 총장은 "현재 인류에게 있어서 가장 중요한 문제는 EEWS(환경·에너지·수자원·지속가능성)"라고 정의하고 "EEWS 문제를 풀면 세계에서 가장 좋은 대학이 될 수 있고, 우리나라는 선진국으로 퀀텀점프할 수 있게 되는 것"이라고 말했다.

서 총장은 혁신클러스터가 중심이 돼 혁신이 많아질수록 경제

발전은 물론 학문도 발전할 수 있다고 설명했다. 이를 위해서는 시행착오와 새로운 시도에 대한 사회적 관대함도 필요하다고 말했다.

서 총장은 혁신을 위해서는 세 가지 조건을 반드시 충족시켜야 한다고 강조하며 '혁신 3원칙'을 제시했다. 우선 혁신에 대한 필요성 인식과 설계·실행·상품화라는 단계 전부가 존재해야 한다. 둘째로는 기술혁신 허브가 되기 위한 최소한의 투자와 관심이라는 임계 규모를 뛰어넘어야 하며, 마지막 조건은 기술혁신을 응집시킬 수 있는 지리적 요건이 필요하다는 것이다. 즉 지역 내에서 혁신의 시작부터 끝까지 모두 해결할 수 있어야 한다는 말이다.

미국 실리콘밸리와 보스턴 지역은 이런 혁신 3원칙을 모두 충족하고 있기 때문에 혁신클러스터로서 세계적으로 인정받고 있지만, 유럽은 세 가지 조건 중 하나둘씩 빠져 있기 때문에 진정한 혁신클러스터나 혁신 허브가 없는 것이라고 그는 설명했다. 대덕 역시 세 가지 조건을 제대로 충족시키지 못하고 있기 때문에 세계적 혁신클러스터라고 할 수 없다며, 이 조건 중 부족한 부분을 채울 수 있는 지원이 필요하다고 지적했다.

또 서 총장은 "끊임없는 R&D와 이에 대한 산업화를 할 수 있도록 여건을 조성하는 것이 무엇보다 중요하다"고 강조했다.

매일경제 2009년 5월 12일자
'서남표 총장 "R&D 시스템 완전히 바꿔야"'

이 기사를 읽으면서 나는 심장이 마구 뛰는 것을 느꼈다. 서남표 총장님이 갖고 있는 과학기술에 대한 생각이 믿음직해 보였기 때문이다. 나처럼 가난한 시절을 보냈던 사람들에게는 나라가 잘살았더라면 하는 바람이 언제나 가슴 한곳에 자리하고 있다. 과학기술이 발전하면 나라의 살림이 좋아지리라는 확신을 갖고 있는 것이다. 나라가 부자가 되어야 국민들에게 복지가 이루어지고 국민들이 행복하게 살 수 있으니까.

나는 아내와 함께 서남표 총장님에 대해 알아보았다. 그는 1936년 경북 경주 출생으로, 미국 매사추세츠공과대학 기계공학과 학과장을 하였고 2001년도에 카이스트 공학부 기계공학과 석좌교수로 부임했으며 2006년도에 카이스트 제13대 총장으로 취임하였다. 그는 재단법인 인촌기념회로부터 받은 인촌상(교육 부문) 상금 1억과 장영실상으로 받은 상금 1억, 그리고 강의료 전액을 학교발전기금으로 기부하였다. 참으로 존경할 만한 사람이었다.

나는 아내에게 카이스트에 연락하라고 했다. 당시에 나는 전 재산을 정리하여 기부할 생각이었다. 아무리 노력해도 몸이 예전처럼 돌아오지는 않고 해서 나는 삶의 마지막을 생각하고 있었다.

인생은 공수래공수거空手來空手去라는 생각이 강했고, 호랑이는 죽어서 가죽을 남기고 사람은 죽어서 이름을 남긴다는 말이 있듯이 나는 나의 이름을 남기고 싶었다. 경주 최씨 가문은 대대손손 부를 쌓았고 나그네나 거지들에게 돈을 나누어 주고 밥을 먹여주는 선행을 했다. 노블레스 오블리주를 실천한 것으로 유명하다.

나는 나의 가문에서 내가 노블레스 오블리주를 실천하는 1대가 되기를 희망하였다. 내 뒤를 이어 나의 아들과 자손들이 그 뜻을 이어주면 좋겠다 싶었다.

또 하나 그런 결심을 하게 된 것은 '재산을 자녀에게 물려주면 자녀를 바보로 만드는 것과 같다'라는 삶의 철학이 있었기 때문이다. 나는 자녀에게 물질이나 돈보다는 남과 함께 더불어 살아가는 '기부'라는 정신적 유산을 남겨주고 싶었다.

내가 카이스트를 선택한 것은 서남표 총장님의 영향이 컸다. 외국 생활을 오래 하셔서 그런지 기부 문화가 자연스럽게 몸에 배어 있다. 또한 학교를 운영하는 데 있어 그 추진력이 마음에 들었다. 그리고 또 하나는 카이스트 인재들이 유대인들처럼 강인하게 공부하기를 바랐기 때문이다. 나는 유대인의 정신력과 교육 방침을 매우 좋아한다. 나라도 없이 떠돈 민족이지만 결속력이 강하고, 확고한 정체성을 통해 역사교육도 철저히 시킨다. 내가 보기에 카이스트 학생들은 과학기술에 대한 강인한 믿음을 갖고 있다고 판단된다. 학생들이 공부하는 데 내가 보탬이 될 수 있다면 큰 영광이라는 생각이 들었다.

며칠 후 아내에게 카이스트에서 연락이 없냐고 물어보았다. 아내는 겸연쩍게 웃으면서 그냥 지나가는 말이려니 생각하고 연락을 하지 않았다고 했다. 나는 당장 전화를 하든지 편지를 보내라고 말했다. 한번 결심하면 밀어붙이고 꼭 해야만 직성이 풀리는 나의 성격을 아는지라, 아내는 내가 농담하는 것이 아니고 진심이라는 것을 알아챘다.

아내는 그날 바로 이메일을 작성하여 보냈다. 다음은 카이스트에 보낸 이메일 전문이다.

> 제목: 기부금 상담을 하려고 합니다.
>
> 안녕하세요. 저는 경기도 용인시 처인구 원삼면 좌항리 산 37번지에 주소를 둔 김병호입니다. 서남표 총장님의 교육 방침에 감동하여, 재산을 카이스트에 기부하고 싶습니다. 총명한 학생들이 공부하는 것에 써주시기 바랍니다.
>
> 소유하고 있는 서전농원(경기도 용인시 처인구 원삼면 좌항리 산 37번지)이 쉽게 정리가 되지 않아서 토지로 기부할까 생각 중입니다.

바쁘시겠지만 시간을 좀 내어주시면 찾아뵙고 상담을 할까 게시판에 글을 남깁니다.

기부하고 싶은 토지는 아래와 같습니다. 소재지는 모두 경기도 용인시입니다.

서전농원 토지 약 2만여 평

묵리 토지 약 2,000평

마평리 토지 약 4,000평

(연락처를 적어서 보냈으나 이 지면에서는 생략함)

2009년 7월 27일

김병호의 처 김삼열 드림.

메일을 보내고 이틀 만에 학교 관계자 분들이 우리 부부가 사는 노블카운티를 방문하였다. 서남표 총장님이 우리 부부를 카이스트에 정식으로 초대한 것이다.

2009년 8월 3일에 아내와 나는 대전광역시 유성구에 위치해 있는 카이스트를 방문하였다. 학교에서 직접 차를 보내주어 그 차를 타고 학교까지 갔다. 차가 정문을 통과해서 캠퍼스 안으로 들어갔다. 평지에 위치한 캠퍼스는 정문을 기준으로 양쪽에 건물들이 늘어서 있었다. 첫 느낌은 꽤 소박하다는 것이었다. 캠퍼스 조성이 화려하고 건물들도 꽤 웅장할 것이라고 생각했는데 기대와는 매우 달랐다.

본관 건물에 도착하자 서남표 총장님을 비롯하여 학교 관계자 여러 분이 직접 마중을 나와주었다. 서남표 총장님은 "먼 길 와주셔서 감사합니다" 하며 나의 손을 꼭 잡아주었다. 키는 나와 비슷하고 체격이 다부졌다. 나이가 나보다 많음에도 불구하고 얼굴과 눈빛에서 광채가 나는 것을 느낄 수 있었다.

총장실에서 차를 마시면서 대화를 나누었다.

"이렇게 뜻하지 않게 큰 금액을 기부해주신다니 감사합니다. 저는 깜짝 놀랐습니다. 메일을 보고 저희 직원들이 누가 장난을 치나 보다 하고 반신반의半信半疑했다고 합니다. 하하하. 오늘 학교를 둘러보시고 결정을 하시기 바랍니다."

"총장님 덕분입니다. 이곳에 기부하기로 결정한 것은 총장님의 훌륭한 인품과 경영 능력을 존경하기 때문입니다."

"그렇게 봐주시다니 감사할 따름입니다."

서남표 총장님과의 대화는 화기애애和氣靄靄하였다.

차를 마신 후 아내와 나는 학교 관계자들이 안내하는 곳을 둘러보았다. 우선 본관에서 학교의 역사에 대해 설명을 듣고, 그동안 학교 교수들과 학생들이 만들어놓은 연구 성과에 대해서도 이야기를 들었다.

자리를 옮겨 학생들이 공부하는 강의실에 가서 열심히 공부

카이스트를 방문한 날 로봇 'HUBO'와 함께

하는 학생들을 지켜보기도 하였다. 강단에 선 교수는 프레젠테이션 자료를 띄워놓고 열띤 강의를 하고 있었다. 강의 내용은 너무 전문적인 용어가 많아서 이해하기 힘들었다. 귀를 쫑긋 세우고 강의 내용에 집중하는 학생들의 모습이 귀여웠다.

가장 인상적인 것은 기계공학과에서 만든 로봇을 본 것이었다. 가슴에 'HUBO'라고 이름이 쓰여 있는 이 로봇은 키가 120센티, 몸무게가 55킬로이며 35센티의 보폭으로 1분에 65걸음(시속 1.25킬로)을 걸을 수 있다고 하였다. 인간도 아닌 것이 인간처럼 움직이는 것을 보고 있으니, 영화 속에 들어와 있는 착각을 일으킬 정도로 비현실적이었다.

사람처럼 생긴 로봇이 움직이는 것을 눈으로 직접 목격하니, 이 기계가 앞으로 인간의 삶을 어떤 식으로 바꿔놓을지 궁금해졌다. 내가 살아 있는 세상에서는 그 변화를 다 보지 못하리란 생각이 들었다. 아내는 연신 "어머나! 세상에!"라고 감탄사를 쏟아냈다.

카이스트는 학교 캠퍼스는 작았으나 속이 꽉 찬 석류 열매 같았다. 학생들이나 교수진들이 반짝반짝 빛나고 있었다. 학교를 쭉 둘러보고 결심을 굳혔다. 한국 과학기술 발전에 나의 기부가 보탬이 될 수 있으리라는 믿음이 강하게 들었기 때문이다. 그렇게 서남표 총장님과의 만남이 성사되었고 카이스트와의 인연이 시작되었다.

제3장

카이스트 강당에 서던 날

기부에 대한 마음의 결정을 하고 나서 나는 아들과 며느리에게 연락을 하였다.

"아들아, 내가 갖고 있는 재산을 카이스트에 기부하려고 한다. 너는 어떻게 생각하느냐?"

"아버님 재산이니 아버님 마음대로 하십시오. 아버님의 큰 뜻이 있어서 하시는 좋은 일이니 저는 찬성합니다."

아들이 나에게 해준 말이다. 나는 역시 내 아들이라는 생각이 들었다. 내가 자식 교육은 제대로 시켰구나 하는 자긍심이 생겼다.

2009년 8월 12일 드디어 'KAIST 발전기금 약정식'이 진행되었다. 기부에 대한 메일을 보낸 지 보름 만에 일은 일사천리로 이루어졌다. 혹시 우리 부부의 마음이 바뀔까 하여 그랬는지 모르지만, 어찌 되었든 학교 관계자들의 일 처리가 매우 빨라서 마음에 들었다. 카이스트에서는 기부에 관련된 부서가 별도로 마련되어 있었다.

약정식 당일 아침 나는 깔끔하게 이발을 하였다. 몸도 마음도 단정하게 하고 싶었다. 나는 아내가 골라준 양복을 입고, 아내는 남색 치마에 살구색 저고리를 곱게 차려입었다. 노블카운티에서 출발하여 대전 카이스트에 도착하니 비가 조금 내리기 시작하였다. 학교 관계자 분들이 직접 우산을 씌워주며 차에서 내리는 우리 부부를 반겨주었다. 차에서 내려 휴식을 취한 뒤 행사장으로 향했다.

장소는 카이스트 대강당 세미나실이었고, 시간은 오후 4시 30분이었다. 아들과 며느리도 시간에 맞춰서 그 자리에 참석하였다. 강당 입구에는 '행복한 기부, 아름다운 동행'이라는 글귀가 크게 쓰여 있었다. 나는 그 글귀가 매우 마음에 들었다. 나의 마음을 정확히 표현한 글귀였다.

강당에는 서남표 총장님을 비롯하여 학교 관계자 분들과 카이스트 학생들이 자진 참석하였다. 식순에 따라 총장님의 인사 말씀에 이어 약정식이 진행되었다. 학교에서 외부에 알렸는지 강당 뒤쪽에는 방송국 카메라도 보였고 사진을 찍는 기자들도 보였다. 취재기자들의 열기가 대단하였다. 여기저기서 사진 찍는 셔터 소리가 들렸다.

학교 관계자가 나와 내가 기부한 금액으로 학교 발전에 어떤 일을 할 것인지 설명하였다. 아직 기초적인 단계였지만, 학교 동문 쪽 부지에 '김병호 IT융합 빌딩'을 지을 예정이었다. 지하 1층, 지상 10층에 전체 면적 2만 5,000여m^2 규모로 교내에서 가장 큰 건물이 될 IT융합 빌딩은 IT 기반 융합 연구를 위한 최첨단 설비를 갖추어 정보 기술 관련 분야의 실험실과 연구실로 사용할 것이라고 했다. 하얀 종이에 그려진 건물 설계도를 보고도 가슴이 뿌듯하였다.

서남표 총장님과 나는 약정서를 교환하고 서로 악수를 하였다. 강당에 박수갈채가 울려 퍼졌다. 내 평생 가장 보람된 순간이었다. 그리하여 나는 농부農夫 김병호라는 이름으로 당당하게 서전농원을 포함한 땅 300여 억 원을 카이스트에 기부하였다.

학교 재단에서는 나에게 감사패를 주었고, 나는 기꺼이 감사패를 받았다. 기념 촬영을 할 때는 그 자리에 참석한 카이스트 학생들과도 사진을 찍었다. 약정식이 끝나고 기자들과의 인터뷰가 이어졌다. 언론에서의 엄청난 관심에 아내와 나는 어찌할 바를 몰랐다.

카이스트 발전기금 약정식에서 서남표 총장님과 함께

사람들이 가장 궁금해하는 부분은 '돈을 어떻게 벌었는가'였고, 그다음에 궁금해하는 것은 '어찌하여 이렇게 많은 금액을 기부할 생각을 하였는가'였다. 기부 약정식 자리이니 당연한 질문이었다. 나의 대답은 앞에서 이미 밝힌 바와 같았다. 목소리가 좀 명료하지 않아서 내가 한 말을 아내가 옆에서 거들며 인터뷰를 하였다. 사람들은 하나같이 칭찬의 말을 아끼지 않았다. 당연히 할 일을 했는데 사람들이 너무 칭찬을 해주니 조금 쑥스러웠다.

모든 순서가 끝나고 자리를 옮겨 만찬을 들었다.

한정식이 차려진 둥그런 원탁에서 포도주를 한잔씩 마시며 이야기를 나누었다. 모든 사람들이 나와 아내에게 감사의 말을 해주었다.

"한국에는 아직 기부 문화가 널리 정착되지 않은 것 같은데, 이렇게 큰 기부를 해주시니 감사합니다. 아마 개인으로는 가장 큰 금액이 아닌가 생각합니다."

서남표 총장님이 흥분된 어조로 말하였다.

"그럼요, 아주 훌륭하십니다. 아무나 하지 못하는 일이지요."

그날 자리에 참석해준 서남표 총장님의 아내 분이 말을 이었다.

"별말씀을 다 하십니다. 저는 밀린 숙제를 한 것처럼 오히려 개운합니다."

"밀린 숙제요?"

"네, 어떻게 하면 이 재산을 처분할까 오랫동안 고민했습니다. 이렇게 좋은 일에 쓰고 보니 한여름 더위에 콜라 한잔 마신 것처럼 시원합니다. 묵은 체증이 쑥 내려간 것 같기도 하고요."

"이런 결정을 하기까지 꽤 힘드셨을 텐데요. 계기가 무엇인지요?"

같은 자리에 앉은 교수님 한 분이 나에게 물었다.

"제가 이 사회에 빚을 많이 졌다고 생각하시면 됩니다. 그냥 땅이 좋아서 사놨던 것인데 몇십 년을 갖고 있었더니 값이 엄청나게 올랐지요. 그건 나의 노력이라기보다 이 나라가 만들어준 것이라고 생각합니다. 그래 그 빚에 이자도 얹어 갚았다고 생각하시면 될 듯합니다."

아내는 나중에 나에게 "말도 잘합디다" 하고 칭찬해주었다. 나도 내가 어찌 그런 대답을 했는지 알 수 없으나, 내 안에서 오랫동안 갖고 있었던 생각이리라. 만찬회는 축제 분위기였다. 학교 사람들도 즐거워했지만, 무엇보다 나와 아내와 아들과 며느리도 뿌듯한 마음을 감출 수 없었다.

그날 밤, 집으로 돌아온 아내와 나는 쉽사리 잠을 이룰 수 없었다. 곳간은 텅 비었는데 얼굴엔 미소가 절로 지어졌고 가슴은 풍선처럼 빵빵하게 부풀어 올랐다. 아내와 비행기를 타고 처음으로 유럽 여행을 갈 때처럼 설레고 흥분되었다.

"당신이 지금까지 한 일 중에 가장 잘한 일인 것 같아요. 김병호 인생 9회말 2아웃에 만루 홈런을 친 것 같네."

역시 아내는 나의 마음을 잘 알아주었다. 어쩜 표현도 그렇게 딱 어울리게 잘해주는지 나는 기뻐서 아내 얼굴에 뽀뽀를 해주었다. 아내가 징그럽다며 도망가긴 했지만.

그렇게 내 나이 69세에 김병호의 새로운 인생이 시작되었다. 아내가 씻으러 화장실에 들어간 사이 나는 창밖으로 노블 카운티의 정원을 내려다보았다. 어머님의 얼굴이 떠올랐다. '항상 베풀면서 살아라' 하고 입버릇처럼 말씀하셨는데 지금의 나를 보면 잘했다고 말씀해주셨을 것이다. 이 기쁘고 즐거운 자리에 어머님이 없다는 사실이 새삼 가슴 아팠다.

카이스트에서는 2010년 2월 26일 나에게 '명예경영학박사 학위'를 수여하였다. 카이스트 전 교수의 찬성으로 이루어진 것이었다. 나는 굳이 이것을 받아야 하는가 고민하였다. 그러나 학교 관계자 여러 분의 설득으로 나는 학사모를 쓰고 명예경영학박사 학위를 받았다. 이렇게 하여 나는 카이스트 강당에 두 번째로 서게 되었다. 나이가 가장 많아서인지, 몸이 불편하니 배려를 해서인지 나는 첫 번째로 나가서 학위를 받고 첫 번째로 소감을 이야기하였다.

"저는 초등학교밖에 졸업하지 못했습니다. 그러나 한 번도 그것을 부끄럽게 생각해본 적이 없습니다. 가난은 사람을 그렇게 만들기도 하니까요. 그동안 7남매의 장남으로 가장 노릇을 하며 돈을 벌기 위해 갖은 고생을 다 했습니다. 죽을힘을 다해 일을 하고 번 돈은 무조건 저축을 하였습니다. 제가 카이스트에 기부한 토지는 저의 피와 땀과 제 인생이 들어가 있

카이스트 명예경영학박사 학위 수여식에서

습니다. 저의 모든 것이라 해도 과언이 아니지요. 저는 그것을 혼자 갖고 있기보다는 많은 사람들이 같이 공유하기를 바랐습니다. 특히 이 땅에서 공부하는 인재들을 키워내는 데 쓰이기를 바랐습니다. 저의 이런 바람은 카이스트에서 이루어졌습니다. 그것도 기쁘고 고마운 일인데, 오늘 저에게 이런 큰 상을 주시니 그 기쁨을 이루 표현할 길이 없습니다. 오늘 받은 명예박사 학위는 제 인생에서 가장 빛나는 추억으로 남을 것 같습니다. 이런 추억을 주신 학교 관계자 여러분에게 감사의 말씀을 드립니다. 정말 감사합니다."

강당에 모인 사람들이 아낌없이 박수를 쳐주었다. 이렇게 큰 무대에 선 것은 테니스연맹 회장을 한 이후로 처음이었다.

그날 아들은 "아버지가 우리 집안에서 학벌이 가장 높습니다" 하고 치켜세웠다. 아들이 그런 말을 해주니 참 즐거웠다.

명예경영학박사 학위를 받고 보니 기부를 했을 때와는 또 다른 큰 기쁨이 있었다. 초등학교를 졸업한 뒤로 정규교육을 받지 못하였다. 가난으로 인해, 그리고 10명이 넘는 식구들의 생계를 책임지느라 공부할 시간이 없었고, 나이가 서른을 넘기면서는 자연스럽게 학업에서 멀어질 수밖에 없었다. 나는 당연히 해야 할 일을 했다고 생각했는데, 학교에서는 그것 이상으로 감사하고 생각해주는 것이 고마울 따름이었다.

지금 어린 손녀는 나에게 천진난만하게 묻는다. "우리 집에선 할아버지가 가방끈이 제일 길지요?" "오냐, 그렇다" 하고 나는 웃어준다. 어른들이 농담처럼 한 이야기를 기억하고 있었던 모양이다.

2010년 5월 11일에는 '김병호·김삼열 IT융합 빌딩' 기공식起工式이 있었다. 나는 아내의 동의가 없었으면 이렇게까지 할 수 없었다며 빌딩의 이름 에 아내의 이름도 넣어줄 것을 부탁하였다. 카이스트 측에서는 흔쾌히 그 부탁을 들어주었다.

건물 부지에서 테이프 커팅을 하고 첫 삽을 뜨는 날이었다.

건물 설계를 맡은 우규승 씨가 건물이 어떻게 지어질 것인가에 대해 설명해주었다. 재미 건축가 우규승 씨는 미국 하버드대 기숙사와 서울 부암동의 환기미술관을 설계한 바 있다.

서남표 총장님을 비롯하여 나와 아내와 아들이 일렬로 서서 테이프 커팅을 하였다. 그날도 아들은 기꺼이 참석하여 자리를 빛내주었다. 기공식이 끝나자 이제 본격적으로 학교에서 일을 시작하고 있다는 것이 실감 났다. 그 자리에 내 이름과 아내의 이름을 딴 건물이 세워진다는 사실이 믿겨지질 않았다. 기쁘고 벅찬 마음에 불편하던 몸이 다 나은 것처럼 가벼워졌다.

서남표 총장님은 우리 부부를 친동생처럼 아끼고 배려해주었다. 기공식을 마치고 식사를 하는 자리에서 현재 학교 상황과 재정 상황에 대해서도 스스럼없이 이야기를 하였다. 덕분에 나와 아내는 카이스트의 미래 비전도 가늠해볼 수 있었다.

기공식에 다녀온 날 밤에 아내는 나에게 뜻밖의 고백을 하였다.

"당신이 나한테 준 땅 말이에요. 그것도 기부할까 봐요."

"응? 아니, 왜? 그건 내가 결혼 30주년 기념으로 선물한 건데."

"오늘 기공식 갔다 왔잖아요. 뭐랄까, 나도 뭔가를 해야겠다

김병호·김삼열 IT융합 빌딩 기공식

는 생각이 들었어요. 이제 진짜로 공사를 하는 걸 보니, 당신이 뭔가 생각보다 더 대단한 일을 하고 있다는 생각이 들지 뭐예요. 나도 그 대단한 일에 동참하고 싶다고나 할까. 그리고 당신이 내 이름도 넣어줬고."

"역시 당신은 멋지다, 멋져!"

나는 아내에게 기부를 강요해본 적은 없다. 그런데 아내가 스스로 자신 앞으로 되어 있는 땅을 기부한다고 하니, 나는 아내가 정말 멋져 보였다.

당시에 서남표 총장님과 친분이 두터워져 호형호제하고 있었는데, 서남표 총장님이 동분서주 뛰어다니며 학교 발전을 위해 일하는 것을 보고 아내도 동참하고 싶었던 모양이다. 아내는 경기도 남양주시 조안면에 있는 50여 억 원의 땅을 통 크게 카이스트에 기부하였다.

아내까지 기부에 동참하자 학교는 물론이고 언론에서도 이목耳目이 집중되었다. 신문은 물론이고 방송에서도 우리 부부를 찾아왔다. 처음에는 멋모르고 인터뷰에 응했으나, 똑같은 질문에 여러 번 대답하다 보니 그것도 참으로 귀찮은 일이었다. '부창부수夫唱婦隨.' 아내의 기부 이후 언론에서 가장 많이 쓰인 단어이다. 아내와 나는 어느새 한 몸처럼 생각하고 한 몸처럼 움직이는 부부가 되어 있었다. 특히 아내가 나의 생각이나 의견에 배려를 많이 해준 덕분이다.

아내가 기부를 하고 나서 한참 시간이 흘러 "기부한 것이 후회되지 않은가?" 하고 물어본 적이 있다. 아내는 한 번도 후회되지는 않는다, 오히려 마음이 개운하고 즐겁다 하였다. 다만 아들에게 조금 미안하다 하였다. "아버지가 가진 것을 다 기부했으니, 엄마는 갖고 있는 것을 아들에게 주마" 했는데, 그 약속을 지키지 못하게 되었다면서 웃었다.

아내의 카이스트 발전기금 기부 약정식

2009년에 기부를 하고 3년 넘게 시간이 흐른 뒤였다.

드디어 2013년 3월경에 카이스트 캠퍼스 내에 '김병호·김삼열 IT융합 빌딩'이 세워졌다. 내 생애 두 번째로 지어진 빌딩이다. 내 명의는 아니지만, 나와 아내의 이름을 딴 빌딩이다. 나와 아내가 생을 마감하고 이 세상에 없더라도 이 빌딩은 그 이름을 갖고 있을 것이다. 이 또한 기쁘지 아니한가?

빌딩 1층에는 나와 아내가 손을 잡고 있는 동상이 세워져 있고, 우리 부부에게 학교와 학생들의 마음을 전달한 비석도 놓여 있다.

김병호·김삼열 IT융합 빌딩

IT융합 빌딩에서는 교수와 학생들이 각종 최첨단 설비를 사용해 정보 기술 분야의 연구를 진행하고 있다. 1층에는 헬스장과 카페 등 학생들이 공부하다가 쉴 수 있는 공간도 마련되어 있다.

지금도 그곳에서 공부하고 있는 학생들을 떠올려보면 입가에 미소가 번진다. 공부해서 뭔가 새로운 것들을 창조해낼 것이라는 믿음이 있기 때문이다. 땅을 갖고 있는 것보다 훨씬 값진 일에 돈을 썼다는 생각이 든다. 돈을 쓸 때는 과감하고 의미 있게 '타인'을 위해, '우리'라는 공동체를 위해 쓰는 것, 이것을 나는 예술적 돈 쓰기라고 표현하고자 한다.

제4장

기부 바이러스 퍼뜨리기

생명과학 대사전에 바이러스virus는 '가장 작은 미생물로 살아 있는 세포에 기생하여 증식하는 여과성 병원체. DNA 또는 RNA 중 하나를 유전체로 가지며 감염세포 내에서만 증식하는 감염성 미소구조체이다. 라틴어로 '독'을 의미하는데 후에 전환하여 병원체를 의미하게 되었다'라고 나와 있다. 그러니 바이러스는 좋은 뜻의 의미를 갖고 있지 않은 단어이다.

그러나 나는 이 단어를 기부라는 단어와 합체하여 쓰려고 한다. 바이러스가 갖고 있는 엄청난 생명력 때문이다. 감기 바이러스가 공기를 통해 감염이 되듯이 나는 우리 사회에 기부 바이러스가 퍼졌으면 한다. 이 바이러스는 독이 아닌 약이 되기 때문이다. 이 바이러스를 갖고 있는 사람들이 적극적으로 다른 사람에게 퍼뜨려야 그 사회가 좀 더 살기 좋아지고 행복해지기 때문이다.

내가 이런 생각을 갖게 된 것에는 계기가 있다. 2009년도에 카이스트와의 인연이 시작된 이후 많은 사람들을 만났다. 서남표 총장님 부부를 비롯하여 여러 교수님들, 그리고 학교 관계자 분들, 우리나라 한의학 박사 1호인 류근철 교수님까지.

류근철 교수님은 카이스트에 578억을 먼저 기부하신 분으로 학교 내에는 그분의 이름을 딴 '류근철 스포츠 콤플렉스'가 있다. 이 건물은 지하 1층, 지상 3층 규모로 3,000명을 수용하는 관람석과 농구, 배구 등의 구기 종목을 위한 주경기장, 200미터 조깅 트랙, 자아표현실, 무예실, 동아리방, 피트니스 센터, 골프 학습장 등이 마련되어 있다.

나와 같은 생각을 갖고 그것을 몸소 실천한 사람들과의 만남은 참으로 의미가 있었다. 모두들 하나같이 자신이 번 돈을 오로지 자신의 몫으로 생각하지 않고 타인과 나누며 살아야 한다고 생각하는 사람들이었다.

학교를 통해 만난 인연 중에 교학부총장이던 장순흥 교수도 있었다. 장순흥 교수는 미국 매사추세츠공과대학 대학원에서 핵공학으로 박사 학위를 받고 평생 연구하고 가르치는 일을 하였다. 현재는 한동대학교 총장을 역임하고 있다.

어느 날 장순흥 교수가 청와대 광복절 행사를 마치고 대전으로 내려가기 전에 노블카운티에 있는 우리 부부를 찾아왔다. 나는 기쁜 마음에 차를 대접하면서 이런저런 이야기를 나누었다.

"어르신, 참으로 대단하십니다. 어르신께서 기부한 금액은 몇백 억이지만, 기부 바이러스는 몇십 조 원입니다. 하하하."

처음에는 그냥 흘려들었으나 시간이 흐르면서 그 말이 오래도록 생각났다. 나도 모르게 내가 기부 바이러스 유포자가 되어 있었던 것이다. 그즈음에는 나의 기부 소식이 미디어를 통해 전해지면서 많은 사람들이 응원의 메시지를 보내고 관심을 표하였다. 작게나마 기부를 시작하고 싶다는 소망의 편지를 보낸 사람들도 있었고, 재능 기부를 생각하게 되었다는 사람도 있었다.

마음으로는 항상 우리 사회에도 이타적인 삶을 지향하는 '기부의 바람'이 불었으면 하고 소망하고 있었다. 그리고 그 바람은 뜻하지 않게 바로 이웃에서 큰 파도와 같이 일어났다. 노블카운티에 입주해 있던 조천식 어르신과 윤창기 어르신을 통해서이다.

조천식 어르신은 휘문고와 서울대 정치학과를 졸업하고 한국은행에서 20여 년을 근무하였다. 부장, 이사 등을 역임한 뒤

은행감독원 원장까지 지내셨다. 1973년도에 받은 퇴직금과 절약해서 모은 돈으로 서울 역삼동과 충남 천안시에 땅을 사 두었는데, 37년이나 팔지 않은 채 갖고 계셨다 한다. 평소에 갖고 있던 재산을 어떻게 쓸까 고민하던 차에 나의 기부 소식을 듣게 되었다.

"김병호 회장이 거액을 기부한 얘길 듣고 우리나라 과학기술 발전을 이끄는 카이스트에 내놓기로 결심했습니다." 조천식 어르신의 말에 서남표 총장님은 "사회에서 왕성하게 활동했던 분들의 이번 기부 실천은 노블레스 오블리주를 직접 보여준 것입니다" 하고 감사의 뜻을 밝혔다고 한다.

조천식, 윤창기 두 분이 카이스트에 기부한 금액은 165억 원 정도이다. 이후에 서울대학교에 50억 원을, 천주교 대전교구에 20억 원을 더 기부하여 기부 금액은 총 235억 원이었다.

나의 영향을 받아 이웃 어르신이 이렇게 큰 금액을 기부하시니 꿈만 같았다. 장순흥 교수가 한 말처럼 기부 바이러스가 몇십 조 원으로 늘어나는 것은 시간문제였다. 그제야 그 말이 실감 났다.

'기부 바이러스 유포자.'

인생에서 이렇게 아름답고 가슴 뛰는 말이 있을까? 지금 나에게는 이 말이 가장 나의 가슴을 설레게 하는 말이다. 누구를

조천식 어르신 카이스트 기부 약정식에서

따라가는 것은 쉽게 할 수 있다. 그러나 최초로 무엇인가를 하는 것은 어렵다. 나는 청도 김씨 집안에서 최초로 '기부 바이러스 유포자'가 되었다는 것이 매우 자랑스럽다. 나의 자녀들이 부디 그 뒤를 잘 이어주었으면 한다.

카이스트에 기부한 것을 인연으로 조천식, 윤창기 어르신 부부와 가까워지게 되었다. 두 분은 매우 건강하고 성품이 온화하여 같이 지내면 기분이 좋아진다. 나보다 연세가 훨씬 많으신 두 분을 나와 아내는 부모님처럼 여기고 있다.

사람이 살다 보면 수백 가지 경우의 인연을 만난다. 나는 두

카이스트에서 마련한 칠순 잔치

분을 만나게 된 것을 아주 귀하게 여긴다. 같은 뜻을 가지고 그것을 실천하는 사람과 만나는 것이 어찌 즐겁지 아니하겠는가?

2010년 6월 18일 두 분이 카이스트에서 약정식을 할 때 우리 부부가 참석하였다. 2011년 2월 17일에 열린 '조천식 녹색교통대학원 개원식'에도 같이 참석하여 축하해드렸다.

카이스트에서는 기부자들의 기념일을 챙겨주거나, 학교행사에 참석해달라는 초대장을 보내곤 한다. 나와 아내는 두 분에게 의견을 물어보고 여러 가지 사항들을 결정한다. 그럴 때마다 생각한다. 내 곁에는 아내가 있고 두 분이 있어서 참 행복하다고.

내가 갖고 있는 바이러스는 전염성이 강하다. 사람들이 나와 아내를 만나면 먼저 기부 얘기를 꺼낸다. 기부에 대해 이것저것 이야기를 하다 보면 자신들도 작게나마 기부에 동참해야겠다고 말한다.

현재 나의 아들은 유니세프를 통해 아동들을 돕고 있고, 나에게 장학금 혜택을 받았던 친척들도 '나눔'에 동참하고 있다고 연락해온다.

나는 믿는다. 신문이나 뉴스 기사에서 나와 아내를 본 사람들이 기부 바이러스에 감염되고 있다는 기쁜 사실을.

기부는 내 인생이다.

제5장

청와대 오찬과 '아침마당' 출연

살다 보니 이런 일도 다 있다. 나와 아내가 청와대 오찬에 초청을 받은 것이다. 2009년 12월 11일이었다. 청와대 초청 오찬은 원래 좀 더 일찍 일정이 잡혀 있었는데, 대통령의 사정 때문이었는지 두 번이나 미루어졌다. 이명박 전 대통령 시절이었고 '2009 나눔·봉사 가족 초청 오찬'이었다. 20대의 젊은 사람을 비롯해 다양한 연령대의 사람들이 초청되었다.

겨울이라 쌀쌀한 날씨여서 옷을 잘 챙겨 입고 집을 나섰다. 청와대를 구경 삼아 가본 적은 있었지만, 청와대 안으로 들어가서 대통령과 밥을 함께 먹게 될 줄은 상상해본 적도 없었다. 아내와 나는 가문의 영광이라며 우스갯소리를 하였다. 사람이 평생 살면서 이런 추억을 언제 가질 수 있겠는가?

청와대에 도착하여 그날 모인 다른 인원들과 함께 청와대 안내를 받았다. 본관을 기준으로 서쪽 별채는 세종실, 동쪽 별채는 충무실이었다. 세종실의 전실에서는 역대 대통령들의 초상화와 함께 관련 물품들, 직접 쓴 손글씨를 볼 수 있었다.

특히 청와대 사랑채는 대한민국 역대 대통령의 발자취와 한국의 전통문화를 한눈에 볼 수 있는 공간이다. 청와대의 역사, 역대 대통령이 문화의 교류를 통해 받은 선물들이 전시되어 있다. 여러 가지 선물 중에 박정희 대통령 시절 북한 김일성 주석에게서 받은 고려청자가 매우 인상적이었다. 꽃 모양이 조각되어 있는 진귀한 청자였다. 이곳에는 청와대와 관련된 기념품점도 있어서 견학을 위해 온 사람들이 기념품을 사갈 수 있다.

시간이 되어 연회장으로 자리를 옮겼다. 둥근 원탁에 초대되어 온 사람들의 이름표가 있었다. 수행원들의 안내에 따라 자리에 앉았다. 나와 아내는 이명박 대통령 내외분의 바로 옆자리였다. 영부인 김윤옥 여사 곁에는 탤런트 고두심 씨가 앉았다. 대통령 부부는 TV에서 보이는 모습 그대로이고, 고두심 씨는 TV 화면에 비친 것보다 훨씬 젊고 아름다웠다. 항상 환하게 웃는 모습이 매우 보기 좋았다.

"나만 생각하지 않고 타인과 이 사회와 국가를 생각하는 분들을 모시고 이렇게 식사를 하게 되어 영광으로 생각합니다. 여러분들의 작은 봉사와 나눔이 있기에 우리 사회가 톱니바퀴처럼 잘 맞물려 돌아가는 것이라 생각합니다. 여러분들이 갖고 있는 고귀한 생각과 실천에 감사의 뜻을 전합니다."

이명박 대통령의 인사말이 끝나고 곧이어 오찬이 이어졌다. 식사를 위해 초대된 사람들의 주변에서 일하는 안내원이나 수행원들의 복장이나 외모는 흐트러짐이 없었다. 움직임도 절제되어 군더더기가 없었다. 역시 국가 행사를 치르는 사람들의 프로 의식이 느껴졌다.

테이블에는 깔끔한 한정식이 차려졌다. 청와대 음식은 짜지 않고 심심해 건강에는 매우 좋을 듯싶었다. 테이블에서 이런저런 이야기가 오가던 중, 아내가 대통령 내외분에게 "오늘이 김병호 씨 생일입니다" 하고 말하는 것이었다. 아내의 깜짝 발언에 나는 적잖이 당황했다. 그러나 이명박 대통령은 "아이고, 그렇습니까?" 하더니 비서를 불렀다. 그러곤 그 자리에 참석한 사람 중에 생일을 맞은 사람이 더 있는가를 알아보게 했다. 나 말고도 2명이 더 있었다.

급작스럽게 케이크 3개가 배달되고, 나는 대통령과 그 자리에 참석한 사람들이 불러주는 생일 축하 노래를 듣는 영광을 맞이할 수 있었다. 내 생애 가장 화려한 생일잔치였다.

식사를 마치고 대통령과 영부인은 그 자리에 참석한 사람들과 일일이 악수를 하였다. 그리고 기념 촬영이 이어졌다. 나는 사진을 찍고 나오면서 아내의 손을 꼭 잡았다. 어린 아내의 엉뚱함이 예전에는 참 불안하다고 생각했는데, 요즘은 적응이 되어서 그런지 색다른 인생의 즐거움을 안겨주었다. 아내 덕분에 청와대 오찬은 더욱 기억에 남는 색다른 추억이 되었다.

다들 차를 타고 집으로 돌아가는 사람들의 뒷모습을 보니 마음이 따뜻해졌다. 나눔과 봉사를 실천하는 사람이 저렇게 많으니 앞으로 대한민국의 미래는 매우 밝다는 생각이 들었기 때문이다. 아주 뿌듯한 하루였다.

나는 그것이 청와대와의 마지막 인연인 줄 알았다. 그런데 2012년 5월 24일에는 더 큰 일이 기다리고 있었다. 국가에서 나에게 '국민훈장 목련장'을 수여한 것이다. 대한민국의 정치·경제·사회·교육·학술 분야에서 공을 세워 국민의 복지 향상과 국가 발전에 기여한 공적이 뚜렷한 자에게 수여하는 훈장이었다.

나와 아내는 훈장까지 받고 보니, 우리가 한 일이 과연 이렇게 칭찬받을 만한 것이었는가 하고 되돌아보게 되었다. 어떤 책임감까지 느껴지면서 예전보다 더 겸손하게 살아야겠다는 다짐을 하였다.

청와대에서 열린 나눔·봉사 가족 초청 행사

2013년도 8월 20일에는 KBS 아침 간판 프로그램인 '아침마당'에 출연하였다. '아침마당'은 1991년에 시작된 20년 넘은 장수 프로다. 나이가 꽤 있으신 분들 사이에서는 지금 젊은이들이 좋아하는 '무한도전'처럼 인기가 있다.

나와 아내는 평소에 이금희 아나운서를 매우 좋아하였다. 포근한 인상에 시청자들을 대하는 부드러운 미소와 목소리가 마음에 들었기 때문이다. 요즘에는 특히 아나운서들이 '빼빼로'처럼 말라서 볼품이 없다. 사람이 아니고 인형처럼 느껴진다.

방송국 스튜디오에는 처음 가보는 거라 매우 색다른 경험이었다. TV 화면으로는 멋지게 보이는데 사실 그게 아니었다. 넓은 창고처럼 빈 공간에 딱 TV 화면에 보이는 만큼만 멋지게 무대를 꾸미는 것이다. 천장에는 수십 개의 조명이 달려 있고, 스튜디오 앞에는 카메라로 촬영하는 사람들과 프로그램을 만드는 연출, 조연출, 작가 등 스태프가 여러 명 있었다.

스튜디오 소파에 앉아 있으니 이금희 아나운서와 윤인구 아나운서가 와서 인사를 건넸다. 나는 이금희 아나운서에게 팬이라고 말해주었다. 이금희 아나운서는 그 특유의 온화한 미소를 지으며 "감사합니다. 이렇게 만나 뵙게 되어 영광입니다" 하고 겸손하게 말하였다. "이이가 미인을 보면 아주 얼굴이 환해집니다." 아내가 옆에서 농담을 하였다. 이금희 아나운서가 호호호 웃었다.

드디어 녹화가 시작되었다. 촬영에 들어가기 전에 머릿속으로 상상을 했건만 막상 녹화가 시작되니 가슴이 콩닥콩닥 뛰었다. 아내도 긴장이 되었는지 침을 삼키는 소리가 들릴 정도였다.

"아흔아홉 칸 가진 사람이 백 칸을 채우기 위해서 한 칸 가진 사람의 것을 뺏는다는 말이 있잖아요? 그만큼 사람의 욕심이 끝이 없다는 뜻일 텐데요"라고 윤인구 아나운서가 운을 떼

'아침마당' 제작진과 함께

자 이금희 아나운서가 그 말을 받았다.

"오늘 모실 이분들을 보면, 돈이란 건 많이 가지고 있는 것보다 가치 있게 나누는 일이 훨씬 더 행복하다는 걸 느끼실 수 있을 겁니다. 첫 번째 손님입니다. 통 큰 기부의 주인공, 김병호, 김삼열 부부 모셨습니다. 크게 환영해주십시오."

두 사람의 말이 끝나자 방청석에서 박수가 쏟아졌다. 나와 아내는 인사를 하고 두 아나운서와 대화를 이어갔다. 대부분 젊은 시절 가난하게 살았던 이야기, 구두쇠처럼 물건을 아낀 이야기, 그리고 기부를 결정하기까지의 이야기가 이어졌다.

긴장을 해서인지 방송 시간이 순식간에 지나간 느낌이었다.

미리 대본을 받고 연습을 했으나 어떻게 이야기했는지 정신이 없었다. 나의 발음이 좀 샐 때는 얼른 재치 있게 곁에서 아내가 나의 말을 통역해주었다. 방송이 진행될수록 아내는 떨지 않고 마치 방송인처럼 자연스럽게 말을 잘하였다.

무사히 녹화가 끝나고 윤인구, 이금희 아나운서와 악수를 하였다. 이금희 아나운서는 여러 어르신들을 만났지만 특히 두 분은 앞으로 닮고 싶은 부부의 모습이라며 칭찬을 아끼지 않았다. "그럼 결혼을 먼저 해야지요." 내가 말했다. 이금희 아나운서가 주먹을 꼭 쥐면서 "노력하겠습니다" 하면서 환하게 웃었다.

다른 방송 관계자들도 떨지 않고 자연스럽게 잘했다고 말해주었다. 이렇게 짧은 녹화에서 참으로 많은 인원들이 같이 일을 하고 있다는 것이 새삼 놀라웠다. 무척 재미있고 색다른 경험이었다.

실제로 방송이 나가고 나서 그 여파는 대단하였다. 그동안 인사만 하고 지내던 이웃 주민들이 다가와 방송에서 봤다고 인사를 건네는가 하면, 지하철에서도 모르는 사람들이 다가와 인사를 하였다. 나와 아내는 이제 말이나 행동도 함부로 하면 안 되겠다고 농담을 주고받았다.

인기 있는 연예인들의 고충이 조금 이해가 되기도 하였다. 그들은 사생활이라는 것 자체가 불가능할 것 같았다.

청와대 초청 오찬과 TV 프로그램 '아침마당' 출연은 아내와 나에게 색다른 경험이었다. 아내 덕분에 살 수 있었던 제2의 인생은 재미나고 유쾌하였다.

제9편

기부 이후의 삶

버려야만 얻는 것이 있다

제1장

아내와 함께 실버타운에 들어가다

2006년 7월 26일 아내와 나는 노블카운티 실버타운에 입주하였다. 내 나이 66세, 아내의 나이 57세였다. 뇌졸중으로 쓰러진 지 2년 만의 결정이었다. 26평 정도의 아담한 공간이지만 불편함이 없다.

이곳에 입주하기로 한 가장 큰 이유는 나의 건강이었다. 몸이 불편해 자유롭게 움직일 수 없으니 대부분 아내의 도움이 필요했다. 아내가 집안 살림을 돌보면서 나를 보살피기가 쉽지 않았다.

노블카운티는 삼성에서 운영하는 곳으로 주거와 의료, 스포츠, 문화 시설의 체계가 잘 짜여 있다. 건물과 건물이 서로 연결되어 있어서 한겨울에도 밖에 나가지 않고 실내에서 오가며 운동을 할 수 있을 만큼 시설이 잘되어 있다. 나는 일주일에 3번 정도 뇌 치료와 신체 치료를 받는다.

아침과 점심, 서녁 모두 식당에서 먹을 수 있고 세탁이나 청소도 도우미의 손길을 빌릴 수 있어서 아내는 살림의 부담을 덜었다. 남는 시간에 아내는 스포츠센터를 이용하거나 교양 강좌, 취미 활동, 영화 감상 등을 즐긴다.

이곳에 들어오기로 결정한 또 하나의 이유는 아들 내외에게 부담을 주기 싫었기 때문이다. 나는 아들을 키우면서 아들에게 늘 독립을 강조하였다. 지금도 나는 가끔씩 아들에게 모진 말을 하는데, 예를 들면 "오늘부터 이 아버지는 죽었다고 생각해라"라고 말한다. 부모에게 기대지 말고 이제는 네가 네 삶의 뼈대를 세우라는 의미가 담긴 말이다.

아들은 분명 잘 살고 있고 자신의 삶을 어떻게 살아야 할지 알고 있다. 그런데도 나는 아들에게 이런 모진 말을 해서 가슴에 대못을 박을 때가 있다. 한번 타고난 성정은 어쩔 수 없는가 보다. 나의 어머님이 그러했듯이 사랑하는 사람에게 더 독하게 말하게 된다. 요즘은 아내에게 그렇게 말하는 버릇을 좀 고쳤는데 부단히 노력한 결과이다.

노블카운티에 입주하면서 나는 많은 것들을 버렸다. 버렸다는 표현은 좀 과장된 것이고, 그동안 계속 팽창시키기만 했던

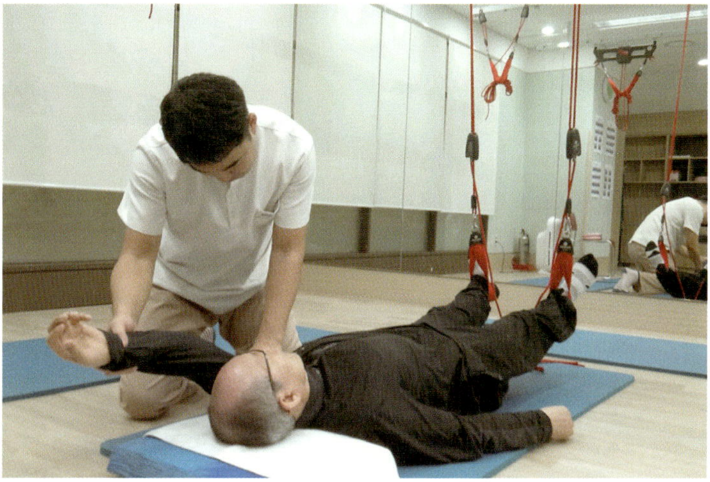

노블카운티에서 받는 뇌 운동 치료

나의 삶을 작게 축소시켰다는 뜻이다. 왕성하게 벌였던 사업이나 사람들과의 만남을 줄였다.

이렇게 줄이다 보니 그동안 보이지 않던 것이 많이 보인다.

우선 아내가 매우 사랑스럽다. 예전에는 나보다 아홉 살이나 아래인 아내를 언제나 어리게만 생각하고 있었다. 경제권도 한번 줘본 적이 없고 생활비도 나에게 타서 쓰게 할 만큼 나는 권위적이었다.

아내는 생활비가 너무 적다며 투덜거리면서도 나 못지않은 구두쇠였다. 옷을 한 벌 사면 계속 고쳐가면서 10년, 20년을 입었다. 식당에서 한 번 쓰고 버리는 휴지도 집에 가져와서 또 쓸 만큼 나를 닮아가고 있었다.

사랑이란 희생의 다른 이름이라고 했던가? 내가 생사生死의 고비에서 헤매고 있을 때 가장 가까이에서 나를 아이처럼 돌보던 아내의 모습을 떠올리면 나는 뭐라 할 말을 잊는다. 과연 아내가 아파 누워 있을 때 나는 아내만큼 할 수 있을 것인가를 생각해본다. 아마 나는 아내만큼 할 수 없을 것이다. 간병인을 사서 대신 병간호를 시켰을 것이란 생각이 든다. 그때 아내의 헌신이 아니었다면 나는 지금 이만큼도 걷거나 움직일 수 없었을 것이다. 아내 김삼열에게 진심으로 고개를 숙여 감사한다.

나이 칠십이 다 되어서야 깨달은 것이 있다. 이 세상의 진정한 가족은 '부부'밖에 없다는 것이다.

아내 덕분에 어느 정도 건강을 회복하고 2009년도에 기부를 하면서 나의 삶은 완전히 바뀌게 되었다. 우물 안 개구리가 우물을 벗어나 세상을 경험한 것처럼 나에게는 그전과는 완전히 다른 신세계가 펼쳐졌다.

나와 아내가 어느 순간 사람들에게 존경의 대상이 되어 있었던 것이다. 사람은 인정받고 싶어 하는 동물이라 사람들이 훌륭하다고 말해줄 때마다 기분이 좋았다. 노블카운티에 사시는 분 중에 90이 넘으신 분이 있다. 그 어르신이 어느 날 우리 부부의 손을 꼭 붙잡고 "참 훌륭한 일을 하였습니다. 존경스럽습니다. 나는 참 두 분에 비하면 부끄러워서 얼굴을 못 들겠어요" 하는 것이 아닌가? 어르신이 그렇게 얘기를 해주시니 몸 둘 바를 몰라 했던 기억이 난다.

아들이 이곳에 입주한 선물로 자가용을 한 대 사주었다. 나는 은근히 자동차 마니아다. 여러 차들을 타봤지만 아들 덕에 처음으로 멋진 벤틀리를 타게 된 것이다. 아들의 선물이니 나는 기꺼이 받았다. 그러나 이것도 몇 년 타다가 팔아버렸다. 차를 운행하는 시간보다 세워놓는 날이 더 많았기 때문이다.

차가 없으니 노블카운티에서 운행하는 버스를 타거나 지하철, 그리고 택시를 이용한다. 대중교통을 이용하니 사람들 살아가는 모습도 보이고 계절이 옷을 바꿔 입는 모습도 생생하게 느낄 수 있었다.

내가 갖고 있던 물질적인 것들을 축소시키니 자연과 아내에 대한 사랑이 커지는 것을 느낄 수 있다. 그리고 그것이 내 삶에 가장 중요한 것이라는 점을 깨닫는다.

스님들이 물질을 멀리하고 깨달음을 얻기 위해 벽면壁面 수도修道하는 기분을 조금은 이해할 수 있을 것 같다.

제2장

소소하게 즐기는 삶

노블카운티에서의 하루는 새벽 6시면 시작된다. 나는 아침 일찍 일어나 가벼운 산책을 즐긴다. 아침 산책은 밥맛도 좋게 하거니와 기분도 상쾌하게 만들어준다. 사람은 자고로 몸을 움직여야 건강하다. 노블카운티는 산책길 조성이 잘되어 있어서 나이 많은 사람들이나 거동이 불편한 사람들이 산책하기에도 무리가 없다. 곳곳에는 쉴 수 있는 벤치도 있고 운동을 할 수 있는 운동기구도 있다.

이곳에 근무하는 직원들은 친절하고 예의가 바르다. 인사 잘하고, 뭘 물어보거나 부탁하면 지체하지 않고 해결해준다.

아침을 먹고 집으로 돌아와 차를 한잔 마시면서 신문을 보거나 아내와 대화를 나눈다. 나는 이 시간이 가장 행복하고 즐겁다. 아내와 같이 산 세월이 40여 년이 지났다. 그런데 왜 그 많은 세월을 이렇게 보내지 못했을까 하고 후회한다. 요즘 나는 아내에게 하루에 한 번씩 사랑한다고 이야기한다. 물론 팔색조처럼 여러 가지 단어로 비유하면서 말이다. 아내는 징그럽다고 하던 대로 하라고 말하지만 싫지 않은지 얼굴은 환하게 웃고 있다.

나는 가끔씩 몸이 건강하다면 이런 사업을 이런 식으로 해보면 어떨까 하고 아내에게 의견을 내놓을 때가 있다. 아내는 건강해지면 언제든지 일을 하라고 말해준다. 나이가 든다는 것이 가끔은 서러울 때가 있다. 할 수 있는 것보다 할 수 없는 것들이 더 많아진다는 뜻이니까.

아침에는 주로 한가하게 보내고, 점심을 먹은 후 문화생활을 즐긴다. 아내와 나는 될 수 있으면 같은 취미를 고른다. 나를 생각한 아내의 배려 덕분이다. 이곳 문화센터에서는 다양한 종류의 문화생활을 할 수 있다. 건강, 미술, 음악, 어학, 취미 분야로 나뉘어서 운영되고, 재테크에 대해서도 배울 수 있다.

나는 영상을 보며 공부를 하는데 주로 다큐멘터리를 즐겨 본다. 다큐멘터리는 주제도 다양하고 만들어진 작품의 완성도도 높아서 좋다. 1시간이나 2시간 내에 아주 깊이 있는 공부를 할 수 있다.

노블카운티 이웃들이 모여 만든 합창단

아내는 요즘 천체학天體學에 관심이 많다. 이 지구가 속해 있는 우주의 모습이 알고 싶단다. 그래서 밤이면 별을 보는 것을 즐겨 하고 있다. 혼자서 책도 읽고 이와 관련된 다큐멘터리도 찾아보고 한다. 천체망원경이 있는 곳에 가서 정식으로 공부를 하고 싶어 하지만, 내가 걱정이어서 아내는 오랜 시간 내 곁을 떠나 있을 수가 없다. 항상 아내에게 미안한 마음이 든다.

"왜 그렇게 별이 좋아?"

“궁금하잖아요. 인간이 어디서 와서 어디로 가는지.”

“별을 보면 그걸 알 수가 있어?”

“응, 알 수 있을 것 같아요.”

“이 생에서 저 별들을 다 못 보고 죽을 텐데 ⋯.”

“그럼 또 어때요. 다음 생에서 보면 되지.”

아내의 낙천적인 성격이 그대로 드러난다. 멀리 떨어져 있는 별을 좋아한다는 것은 아내가 그만큼 별처럼 자유롭고 싶어서인 것은 아닐까 하고 생각해본다.

왼쪽 사진은 노블카운티에 있는 이웃들끼리 합창단을 만들어 공연을 한 뒤 찍은 사진이다. 맨 오른쪽에 서 있는 부부가 아내와 나이다. 노래는 참 묘한 매력을 갖고 있다. 노래를 하고 있으면 정말 아무 생각도 나지 않는다. 오로지 노래를 잘 불러야겠다는 생각뿐이다. 가끔씩 아내와 나는 방에서 옛 가요를 틀어놓고 흥얼거린다. 노래 가사에 묻어 있는 추억을 떠올리는 좋은 방법이다.

나는 아내와 함께 포켓볼도 친다. 내가 지금도 가장 하고 싶은 운동은 테니스다. 그러나 테니스 같은 격한 운동은 할 수 없으니 이런 것으로 대신한다. 포켓볼은 손을 주로 쓰는 운동이라 뇌에도 좋다고 하여 시작한 것이다. 지금은 나보다 아내가 더 잘 치고 즐겨 한다.

아내와 함께 치는 포켓볼

내기 게임을 할 때가 있는데 아내에게 번번이 진다. 나는 기꺼이 아내에게 져준다. 게임에서 이기고 아내가 깔깔대며 웃는 모습이 보기 좋다.

서울에 있는 병원에 들르는 날이면 가끔씩 나는 아들의 카페가 있는 종로를 간다. 카페에 아내와 앉아서 얼마나 많은 손님들이 오는지, 커피를 먹는 손님들의 표정이 어떤지 구경하는 것이 즐겁다. 아들의 가게에서 커피와 케이크를 먹을 때도

아들의 카페 앞에서

있고 커피와 브런치를 먹을 때도 있다. 나와 아내가 먹은 것은 꼭 현금으로 계산한다. 나는 아들의 가게라고 해서 공짜로 먹는 것이 싫다. 아들이 서운해할 수도 있는데, 요즘엔 워낙 습관이 되어서 괜찮다. 아들도 그러려니 하는 것 같다.

아들이 운영하는 가게에 와 있으면 마음이 든든하다. 아들은 바빠서 그곳에 가도 얼굴을 보기 힘들 때가 있다. 그래도 나는 좋다. 젊은 아들이 바쁘게 일하는 모습이 좋다. 그때가 아니면 할 수 없는 것들이 있기 때문에.

내가 사는 곳으로 친구들이나 친척들, 아들 내외, 손녀딸이 찾아온다. 요즘엔 미래에 대한 이야기보다 과거에 대한 대화가 많아져서 그것이 좀 슬프다면 슬픈 일이다. 그들이 떠나고 나면 오롯이 아내와 나만 남는다.

나는 조용한 집에서 아내가 움직이는 발소리를 듣는 것이 좋다. 소소하게 즐기는 삶이 좋다.

제3장

재능 기부를 꿈꾸다

노블카운티 정문 맞은편에는 경희대학교 국제캠퍼스가 있다. 이곳에는 주로 국제학과나 외국어학과, 연극영화학과, 스포츠학과들이 있다. 봄이면 이곳 캠퍼스가 볼 만하다. 아내와 함께 산책을 하기 위해 걸어서 가기도 한다. 이제 갓 스물이 된 학생들이 캠퍼스를 누비고 다니는 것을 볼 때면 젊음을 새삼 칭찬하게 된다.

어느 날 경희대학교 학생들이 노블카운티에 봉사 활동을 오게 되었다. 4~5명이 짝을 이루어서 할아버지 할머니와 시간을 보내는 프로그램이었다. 같이 식사도 하고 차도 마시고 산책도 하고 말벗도 되어주었다. 나와 아내도 학생들과 연결이 되어 프로그램에 동참하게 되었다.

학생들은 모두 발랄하고 착하다. 내가 옛이야기를 해주면 깔깔거리며 웃기도 한다. 아들은 이미 커서 성인이 되었고 손녀는 아직 너무 어리다. 이제 갓 스물이 넘은 청년들과 말을 섞기가 쉬운 일은 아니다. 청년들과 대화를 나누다 보면 세대 차이가 많이 나는 것을 느낀다. 젊은이들은 노년기에 접어든 나의 삶을 이해하기 힘들고, 나는 청년들의 삶을 이해하기 힘들 때가 있다.

이런 간극을 메울 수 있는 길이 없을까 하는 것이 요즘 나의 최대 관심사이다. 청년들과 소통을 하기 위해 내가 잘할 수 있는 것이 무엇일까 생각해보았다. 그것은 기부였다. 내가 갖고 있는 재능을 기부하고 싶었다. 물질적인 기부도 좋지만 정신적인 기부를 해야겠다고 생각한 것이다.

어른들이 진정 해야 할 것은, 아직 생각이 여물지 않은 자녀에게 또는 후대 사람들에게 물려줘야 할 것은 '아름다운 생각'인 것이다.

내가 지금까지 겪었던 나의 삶과, 나의 삶 속에서 깨달았던 생각들을 젊은이들에게 들려주고 싶었다. 그래서 최근엔 언어 치료를 더 열심히 받고 있다.

노블카운티에 있는 뇌건강센터를 이용하는데, 이곳에는 뇌를 젊게 하는 미술 치료, 음악 치료도 있고, 기억력, 집중력,

언어능력을 향상시키는 프로그램도 있다.

언제든지 기회가 생기면 젊은이들과 대화의 창을 열고 싶다. 한 개인이 갖고 있는 정신적 유산을 아낌없이 물려주고 싶다.

"아들아, 네게 줄 건 없다"

서전농원 김병호 회장
이쑤시개까지 아껴쓰며
평생 모은 300억대 땅
KAIST에 발전기금 기부

신현종 기자 shin69@chosun.com

KAIST에 자신이 평생 모은 300억원 상당의 부동산을 기부한 경기도 용인시 서전농원 김병호 회장(왼쪽)과 부인 김삼열 여사. 김 회장은 김 여사 등 가족들이 주저없이 기부에 동의해줘 고마울 따름이라고 했다. ☞ 동영상 chosun.com

"KAIST가 세계 최고의 과학기술을 선도할 인재를 양성해주기 바랍니다. '국민 모두가 잘사는 나라'란 제 꿈을 실현시키는 지름길이 바로 우수한 과학기술 인재 양성이라고 믿기 때문입니다."

경기도 용인시 원삼면 서전농원 김병호(金炳鎬·68) 회장이 KAIST에 300억원 상당의 부동산을 발전기금으로 기부키로 하고 12일 KAIST 대강당 세미나실에서 '발전기금 약정식'을 가졌다. 작년 8월 한의학계 원로 류근철 박사가 578억원 상당의 부동산을 KAIST에 기부한 데 이어 두 번째로 큰 금액이다.

KAIST에 고액을 기부한 사례는 정문술 전 미래산업 회장이 2001년 300억원 상당의 주식을 기부한 것을 시작으로, 2007년 재미(在美) 사업가 박병준 회장이 1000만달러(당시 약 100억원), 닐 파팔라도(Neil Pappalardo) 미국 메디텍사(社) 회장이 250만달러(약 25억원)를 발전기금으로 내놓은 것으로 이어져 왔다.

김 회장이 내놓기로 한 부동산은 평생 땀 흘려 모은 재산 가운데 대부분인 경기도 용인시 일원 임야·전답 등 26필지(9만4563㎡). KAIST는 김 회장과 협의해 발전기금 용처를 정할 방침이다. 또 김 회장 부부의 고귀한 뜻을 기리기 위해 신축될 IT융합센터 건물을 가칭 '김병호 IT융합센터'로 이름 붙이기로 했다. 한국실업테니스연맹 회장을 역임한 김 회장은 고향인 전북 부안군 '나누미근농(根農) 장학재단'의 대표이사 등을 맡고 있다.

부인 김삼열(60)씨는 "남편은 5년 전 중풍으로 쓰러져 다소 불편한 몸이지만 여전히 근검절약이 몸에 밴 분이다"며 "이쑤시개 하나를 여덟 조각으로 쪼개 쓰고 휴지 한 장도 아낄 정도로 '바른생활 사나이'였다"고 전했다.

거액 기부를 결심하기까지 부인과 아들 등 가족의 격려도 큰 힘이 됐다고 한다. 김 회장이 처음 기부 의사를 내비쳤을 때 가족들이 흔쾌히 반아들였다는 것이다. 김 회장은 "외아들이 초등학교 다닐 때부터 '교육은 시켜주겠지만 아버지 재산을 물려받을 것이란 기대는 하지 말라'고 귀에 못이 박이도록 말해왔다"며 "주저 없이 동의해준 아들과 부인에게 고마울 따름"이라고 말했다.

외아들 김세윤(36·카페 뎀셀브즈 대표)씨는 "아버지께서 평소 재산을 사회에 환원하겠다고 말씀해 오셨고 당신이 평생 노력해 얻으신 만큼 뜻대로 쓰시는 게 당연하다"며 "뜻깊은 기부가 되길 바란다"고 말했다.

김 회장은 "17세에 76원을 들고 상경해 서울에서 식당일 등 안 해본 일이 없을 정도로 지독하게 일하고 무섭게 절약했다"며 "무더운 여름날 1원을 아끼려고 남들이 다 사먹는 사카린 음료수조차 먹지 않았다"고 어려웠던 시절을 회고했다.

A11면에 계속

대전=우정식 기자 jswoo@chosun.com

'KAIST에 300억대 아름다운 기부' A1면에서 계속

평소 입버릇처럼 "버는 건 기술, 쓰는 건 예술"

상경해 허드렛일을 마다하지 않고 일에 매달렸고, 이후 자동차 부품을 파는 가게를 운영하면서 재산을 모으기 시작했다. 근검절약 하면서 34세에 결혼하기 전 서울 미아리에 작은 2층집을 마련했다. 이후 매사에 성실히 일하는 김씨 모습에, 알고 지내던 운수회사 사장이 버스를 외상으로 빌려줘 운수업을 시작할 수 있었다. 이후 악착같이 재산을 모아 모두 땅을 사는 데 투자했고, 각고의 노력 끝에 1988년 경기도 용인에 농장 터를 구입해 20여년 동안 농장을 운영해왔다.

이토록 어려운 환경에서도 김 회장의 형제간 우애와 교육에 대한 신념은 남달랐다. 7남매 중 장남으로 동생들 학업을 뒷바라지하느라 정작 본인은 제대로 배우지 못했지만 자신의 처지를 비관한 적이 없었다. 1987년 부친상을 치르고 남은 부의금을 친척 자녀들의 등록금으로 내놓았다. 또 자신처럼 교육 혜택을 받지 못한 후학들에게 도움을 주고 싶어 고향인 전북 부안군 '나누미 근농 장학재단'에 2005년 10억 원의 장학금을 쾌척하기도 했다.

'부지런함은 무엇과도 바꿀 수 없는 보배다'를 좌우명으로 삼고 있는 김 회장은 "'버는 것은 기술이요, 쓰는 것은 예술이다'라는 말을 좋아한다"며 "돈을 후학 양성에 보태는 것은 전혀 아깝지 않다"고 말했다.

그는 평생 모은 재산을 아무 연고도 없는 KAIST에 선뜻 기증하게 된 계기에 대해 "신문과 방송에서 학교 개혁에 앞장서고 자신의 강의료와 상금까지 학교에 기증하는 서남표 총장의 모습을 보고 '이분에겐 믿고 맡길 수 있겠다'는 생각이 들었다"고 말했다. 김 회장은 지난달 말 부인을 통해 KAIST에 기부 의사를 밝혔고, 지난 3일 KAIST를 찾아 서 총장으로부터 학교 비전을 듣고 연구활동 모습 등을 살핀 뒤 바로 거액을 기부키로 결심했다.

김 회장 가족의 기부정신은 이번만이 아니다. 김 회장의 아들 세윤씨가 1993년 서울대 시각디자인학과에 입학할 당시 김 회장 부부와 세윤씨는 서울대 의대에 사후 시신 기증을 약속했다. 김 회장은 "당시 시신이 부족해 의대생들이 연구하는 데 지장이 있다는 소식을 들었고, 아들이 명문대에 입학한 기념으로 가족들이 뜻을 모아 시신 기증을 결심했다"고 전했다. 세윤씨는 지금도 매달 일정액을 유니세프 등에 후원금으로 내고 있다.

KAIST발전재단 김수현 이사는 "김 회장님이 어렵게 모은 재산을 순수한 일념으로 국가 장래를 위해 기부해 주신 데 깊은 감동을 받았다"고 말했다.

서남표 총장은 "김 회장님의 고귀한 헌신과 기부는 우수 인재를 양성하는 밑거름이 될 것"이라며 감사패와 함께 나로호 우주발사체에 탑재될 인공위성2호 모형을 기념품으로 전달했다.

조선일보 2009년 8월 13일자 '"아들아, 네게 줄 건 없다"'

'가난의 대물림' 끊어줄 기부와 장학금

경기 용인의 서전농원 김병호 대표가 300억 원 상당의 부동산을 KAIST에 기부했다. 평생에 걸쳐 지독하게 일하고 자린고비처럼 절약해 이룬 재산을 학교발전기금으로 내놓는 그의 얼굴은 유난히 밝아 보였다. 그는 '버는 것은 기술이요, 쓰는 것은 예술'이라는 말을 가장 좋아한다. 그가 '예술처럼' 돈을 쓰는 데 가족도 주저 없이 동의했다. KAIST에는 김 대표에 앞서 정문술 전 미래산업 회장이 300억 원, 재미사업가 박병준 회장이 1000만 달러(약 125억 원), 원로 한의학자 류근철 박사가 578억 원을 기부했다. 이 나라 과학기술 역군을 기르려는 투자의 행렬이다.

작년 연세대에 1억 원을 기부했던 한 할머니는 이달 3일 학교를 다시 찾아와 검정 비닐봉지에서 3000만 원을 꺼내 장학금으로 내놓았다. 이번에도 이름을 안 밝히고 버스를 타고 떠났다. 전북 김제의 왕재철 할아버지는 2007년 이후 매년 7월 김제시를 방문해 장학금으로 200만 원씩 내놓는다. 텃밭에서 옥수수 농사를 지어 번 돈과 자녀에게 받은 용돈을 아껴 마련한 장학금이다.

아름다운 기부만으로 '가난의 대물림'을 끊어주기엔 벅차다. 최근 경기침체 속에서 소득계층 간 교육비 격차가 더 벌어졌다. 1분기(1~3월) 중 월평균 소득이 300만 원 이상인 가구는 교육비 지출을 늘린 반면 300만 원 미만인 가구는 줄였다. 가정형편상 수업료를 못낸 고교생 수가 작년 이후 부쩍 늘었고, 학업을 중단한 채 아르바이트로 생계를 이어가는 청소년도 크게 증가했다는 조사 결과도 있다.

취약계층 청소년에 대한 교육 지원은 정부 몫이다. 교육복지는 나눠주기식 복지와는 달리 소득양극화 개선에도 효율적이다. 내년 농어촌 지역에서 운영할 기숙형 고교의 재정충원 계획을 잘 다듬어 차질 없이 시행할 수 있도록 해야 한다. 민주노동당이 주장하던 '취업 후 학자금 상환제도'를 정부가 과감히 채택했듯이 교육복지 확충에 여야가 협조해야 한다.

지방자치단체도 저소득층 자녀를 위한 장학의 등불을 밝히고 있다. 서울시는 저소득층 교육자금 지원을 위한 꿈나래통장을 추진하고 있다. 충남은 4만여 명의 저소득층 아동을 대상으로 생계안정-학습지원-자립으로 이어지는 프로그램을 시행 중이다. 각 시도가 프로그램의 성패 요인을 공유해 더 효율적인 방안을 만들어 나갈 필요가 있다. 취약계층 청소년이 거리를 헤매지 않도록 전문 인력과 예산을 배정해 취업교육을 시키는 일도 챙겨야 한다.

동아일보 2009년 8월 14일자 사설 ''가난의 대물림' 끊어줄 기부와 장학금'

KAIST에 300억 재산 기부한 서전농원 김병호 대표

음식 배달부터 시작해 자동차부품 판매점, 자연체험농원 사업 등으로 모은 300억 원을 KAIST에 기부한 김병호 서전농원 대표(68). KAIST에 거액을 기부한 사람 가운데 KAIST와 아무런 연고 없이 스스로 기부 의사를 밝힌 사람은 김 대표가 처음이다. KAIST는 12일 오후 교내 대강당에서 정문술 이사장, 서남표 총장 등 내외빈 100여 명이 참석한 가운데 김 대표의 발전기금 기부 약정식을 열었다. 대전=연합뉴스

"버는 건 기술" "쓰는 건 예술"

이쑤시개도 8개로 잘라서 사용
한평생 '자린고비'로 재산 일궈

가족에겐 "10원 한장 기대말라"
기부엔 관대… 시신기증 약속도

"우선 이쑤시개를 가로로 두 토막으로 잘라요. 그런 다음 면도날로 다시 4등분 하죠."

이쑤시개 1개를 8개로 만들어 쓰면서 재산을 모은 60대 '자린고비'가 KAIST에 300억 원 상당의 재산을 기부했다. 경기 용인시에서 서전농원을 운영하는 김병호 대표(68)는 12일 "세계 최고의 과학기술로 국민 모두가 잘살 수 있는 나라를 KAIST가 만들어 달라"며 300억 원 상당의 임야와 논밭 3필지 9만4733m²(약 2만8660평)을 내놓았다.

김 대표의 인생 신조는 '부지런함은 무엇과도 바꿀 수 없는 보배다(勤爲無價之寶)'와 '버는 것은 기술이요, 쓰는 것은 예술이다'이다.

● 근검절약으로 재산을 모으고

전북 부안군 출신인 김 대표는 전쟁 탓에 학업이 늦어져 17세 때인 1958년 초등학교를 졸업한 뒤 돈을 벌기 위해 보리타작 일로 번 76원(당시 보리쌀 한 가마니 값)을 들고 상경했다. 아버지는 천석꾼 집안의 막내아들이었지만 재산을 지키지 못한 데다 6·25전쟁 때 빨치산에게 재산을 모두 빼앗겨 빚쟁이들이 집안을 들락거리던 때였다.

서울에 도착한 그는 미아리의 한 식당에서 음식 배달 일을 시작했다. 돈을 벌기 위해 별도로 수금사원과 청소 일도 했다. 이렇게 1년 동안 모은 2000원으로 자동차 기름과 부품 판매점을 시작해 4년 후에는 72.6m²(22평형) 아파트를 마련할 수 있었다. 이때 부모님과 형제자매를 모두 서울로 불러들였다. 부인 김삼열 여사(60)는 "돈을 아끼려고 술 담배를 전혀 하지 않았고 무더운 여름날 1원을 아끼려고 남들이 다 먹는 사카린 음료수조차 사 먹지 않았다"고 회고했다.

판매점 사업에서 돈을 벌자 김 대표는 26세 때인 1967년 시내버스 5대로 운수회사 지입사업을 시작했고, 돈이 모이면 용인 지역 땅을 사들였다. 그는 "돈 복이 있었는지 땅을 사는 족족 값이 크게 올랐다"고 귀띔했다. 그는 지입 사업을 10년 정도 한 뒤 용인시 원산면 좌항리에 5200여 그루의 밤나무 단지와 사슴, 오리 등의 사육장을 갖춘 자연체험농원인 서전농원을 차렸다.

● 아낌없는 기부

아들 세윤 씨(36)에게 "아버지 재산은 10원 한 장 기대하지 말라"고 말해온 김 대표는 평소 KAIST 개혁에 감명을 받아오다 서남표 총장이 동아일보 인촌상 상금 1억 원을 비롯해 각종 상금과 강연료를 학교에 기부한다는 보도를 보고 KAIST 기부를 결심했다.

▶본보 2008년 11월 12일 A28면 참조

KAIST 거액 기부자 중 이 대학과 아무런 연고 없이 스스로 기부 의사를 밝힌 사람은 김 대표가 처음이다. 아들 세윤 씨는 서울대 시각디자인학과를 나왔다. 가족도 흔쾌히 동의했다. 김 여사는 "처음에는 우리 가족보다 더 귀중한 것이 있나 하는 생각에 서운하기도 했지만 남편의 깊은 뜻에 따르기로 했다"고 말했다.

김 대표는 자린고비였지만 기부에는 관대했다. 돌아가신 아버지의 부의금을 친척들 자제 교육비로 내놨고, 2005년에는 고향인 부안군 '나누미 근농장학재단'에 10억 원을 기부하기도 했다. 또 1993년 TV에서 시신 부족으로 연구에 어려움을 겪는다는 서울대병원장의 말을 듣고 자신과 아내, 아들 3명의 시신을 서울대에 기증하기로 약속했다.

12일 오후 KAIST 대강당에서 열린 발전기금 약정식에서 서 총장은 "앞으로 지을 정보기술(IT)융합센터에 김병호 대표와 김삼열 여사의 존함을 쓰겠다"며 "이분들의 숭고한 뜻을 받들어 세계적인 과학기술자들을 배출하는 데 매진하겠다"고 밝혔다.

대전=지명훈 기자 mhjee@donga.com

동아일보 2009년 8월 13일자 'KAIST에 300억 재산 기부한 서전농원 김병호 대표'

76원 밑천으로 일군 300억 재산 아낌없이 KAIST에

사회 프런트 **자수성가 김병호 대표, 용인 서전농원 땅 기부**

지난달 27일 대전시 유성구 구성동 한국과학기술원(KAIST) 소속 발전재단에 e-메일 한 통이 날아왔다. 경기도 용인에 있는 자연체험장인 서전농원 김병호(68) 대표의 부인 김삼열(60)씨가 보낸 e-메일이었다. 그는 "남편이 평생 모은 재산을 KAIST에 기부하고 싶다"는 뜻을 전했다. 부인은 2004년부터 뇌졸중을 앓고 있어 몸이 불편한 남편을 대신해 e-메일을 보냈다.

김 대표 부부와 아들 세윤(36)씨 부부는 12일 KAIST를 방문, 서남표 총장과 기부금 약정식을 했다. 기부한 재산은 용인의 서전농원과 임야 9만4380여㎡로 시가 300억원에 달한다. 김 대표는 약정식에서 "평소 돈을 벌면 좋은 일을 하는 데 쓰기로 가족끼리 약속했다"며 "KAIST가 가난 때문에 못 이룬 내 학업에의 꿈을 이뤄 주길 바란다"고 말했다. 이어 "KAIST가 세계 최고의 과학기술 인재를 양성해 국민 모두가 잘살 수 있는 나라를 만드는 데 내가 기부한 재산이 보탬이 되길 바란다"고 당부했다.

김 대표는 1941년 전북 부안군 보안면 상림리 빈농 집안에서 7남매 중 장남으로 태어났다. 초등학교 졸업 뒤 농사일을 돕다가 17세 때 당시 돈 760환(76원)을 들고 상경했다. "돈을 벌기 위해서는 무작정 서울로 가야 한다는 생각뿐이었다"고 한다. 그는 서울 미아리에 있던 친척집에 머물면서 식당 종업원·가게 점원을 전전했다. 한 시간 정도 거리는 차를 타지 않고 걸어 다니면서 돈을 모았다. "지독하게 일하고 무섭게 아꼈다. 무더운 여름날 1원이 아까워 사카린 음료수 한 잔 사 먹지 못했다"고 당시를 회고했다.

그는 상경한 지 1년 뒤 모은 돈 2000원으로 미아리 자동차 부품가게를 차렸다. 연중 쉬는 날이 없이 하루 12시간 이상씩 일했다. 자동차 부품가게를 10년 정도 운영해 번 수천만원으로 중고 버스 다섯 대를 구입했다. 이 버스로 서울 지역 시내 버스회사에서 지입차를 운영했다. 이때부터 번 돈 대부분을 부동산에 투자했다. 74년에는 미아리에 2층 집을 구입해 지금의 부인과 결혼했다.

88년에는 서울 등지에 흩어져 있던 부동

부안서 초등학교 졸업 뒤 상경

음료수 한 잔 안 사먹고 아껴

남은 집, 전세금까지 사후 기증

"과학 발전시켜 잘 살게 해달라"

산을 모두 정리한 뒤 20여억원으로 서전농원을 사들였다. "나이 들면 농장이나 운영하며 여생을 편하게 보내고 싶었다"는 것이다. 서전농원에는 밤나무 5200여 그루와 사슴·오리를 키우는 사육장이 있다. 가을철에는 일반인을 대상으로 밤 수확 체험 등 프로그램을 운영한다.

김 대표는 평소 부인과 아들에게 "재산은 모두 사회에 환원하고 가겠다"고 다짐해 왔다. "어렵게 번 돈인 만큼 뜻깊은 곳에 써야 한다"는 게 소신이었다. 뇌졸중을 앓기 시작한 2004년부터는 "살아 있을 때 재산 사회 환원을 완성해야 한다"며 기부 작업을 서둘렀다.

서전농원 김병호 대표 부부⊕가 12일 오후 대전시 KAIST에서 기부금 약정식을 마친 뒤 학생들과 기념촬영을 하고 있다. 김성태 프리랜서

그러다 지난해 8월 우연한 기회에 '서남표 총장의 KAIST 개혁'을 주제로 한 언론 보도를 봤다. 2006년 7월 취임한 서 총장이 100% 영어수업 제도를 도입하고 교수정년보장(테뉴어) 심사에서 40%를 탈락시키는 등 캠퍼스에 새바람을 불어넣고 있다는 내용이었다. 그때 "KAIST에 기부하기로 마음을 굳혔다"고 한다. "과학기술이 발전해야 나라가 부강해진다"며 가족들을 설득했다. 부인과 아들도 그의 뜻을 흔쾌히 받아들였다.

그는 2005년 고향인 부안군에 장학금 10억원으로 '나누미 근농(根農) 장학재단'을 설립했다. 김씨 부부와 아들은 93년 병원에 실습용 시신이 부족하다는 것을 알고 서울대 병원에 자신들의 시신을 사후에 기증하기로 약속했다. 서울 종로에서 카페 뎀셀브즈를 운영하고 있는 아들 세윤씨는 부친의 영향을 받아 5년 전부터 유니세프(유엔아동기금)에 매달 10여 명의 아동(1인당 3만여원)을 후원하고 있다.

김 대표는 "서울 효자동 빌라(14억원 상당)와 전세(7억원)로 살고 있는 용인 노블카운티 등 일부 재산이 남아 있어 여생을 보내는 데는 부족함이 없다"며 "부인과 자식에게 남은 재산도 나중에 기부하도록 당부해 뒀다"며 활짝 웃었다. 서남표 총장은 "김 대표의 숭고한 정신이 KAIST에 영원히 남아 열매를 맺을 수 있도록 활용 방안을 강구하고, 건축 중인 IT(정보기술)융합센터 명칭에 김 대표 부부 이름을 넣겠다"고 말했다.

대전=김방현 기자
kbhkk@joongang.co.kr

중앙일보 2009년 8월 13일자 '76억 밑천으로 일군 300억 재산 아낌없이 KAIST에'

김병호 회장 부부가 기부 약정서를 들고 서남표(왼쪽) KAIST 총장과 함께 했다. 김 회장은 "'버는 것은 기술, 쓰는 것은 예술'이라는 말처럼 어렵게 번 돈인 만큼 뜻 깊게 쓰고 싶었다"고 말했다. KAIST 제공

"과학강국

자수성가한 농장 대표가 피땀 흘려 모은 재산 300억원을 12일 KAIST에 쾌척했다. 화제의 주인공은 경기 용인시 서전농원 김병호(68) 회장. 김 회장은 이날 가족과 함께 KAIST를 방문, 용인시에 있는 임야와 논, 밭 9만4,500여㎡(시가 300억원 상당)를 기부하는 약정서에 서명했다. 지난해 8월 류근철(84) 한의학 박사가 578억원을 기증한지 1년 만에 KAIST에 또다시 거액의 기부가 이뤄진 것이다.

김 회장은 KAIST와 특별한 인연이 없다. 그는 "우리나라의 발전에 기여하고 싶은데 KAIST에 기부하면 그 뜻이 이뤄질 것 같았다"며 "KAIST가 최고의 과학기술로 국민 모두가 잘 사는 나라를 만들어달라"고 당부했다. 서남표 KAIST 총장은 "기부금을 IT분

'Making Money Is Tech, Spending It Is Art'

Kim Byeong-ho

By Kim Rahn
Staff Reporter

A self-made businessman has donated land worth 30 billion won ($25 million) to KAIST.

Kim Byeong-ho, 68, who runs the Seojeon Garden in Yongin, Gyeonggi Province, donated 94,700 square meters of farm land to the school.

"I could not study enough due to poverty, and I hope KAIST will make my dream come true. I wish the school would develop the world's best science technology and make Korea a country where all people can live well," he said at the donation ceremony held at the school in Daejeon, Wednesday.

Kim graduated from elementary school in 1958 at the age of 17 due to the Korean War. He came to Seoul from his hometown in North Jeolla Province with 76 won, which was worth a sack of barley at that time.

Working hard to make money, he opened a car parts shop a year later and started a bus company in 1967. He bought land in Yongin and opened his garden in 1988 with 5,200 chestnut trees and farms for deer and ducks.

Kim, whose personal philosophy is "Making money is technology, spending it is art," began to donate in 2004 after suffering a stroke. In 2005, he set up a scholarship foundation. Kim and his wife also promised to donate their bodies after death to Seoul National University Hospital.

Last year, he heard the news that KAIST President Suh Nam-pyo was reforming the school by adopting lectures in English and strict tenure screening. "I decided to donate to KAIST at that moment, as development in technology can make a country rich and powerful," he said.

"We'll devise how to use his donation, so that Kim's goodwill can bear fruit at KAIST," Suh said. "We'll also name a new IT center building after the Kim couple."

rahnita@koreatimes.co.kr

THE KOREA TIMES 2009년 8월 14일자 'Making Money Is Tech, Spending It Is Art'

만들어 달라"… 300억대 부동산 기증

서전농원 김병호 회장, 피땀 흘려 모은 재산 KAIST에 쾌척

야 등 대학발전을 위해 소중히 사용하고, 내년 완공 예정인 센터를 김 회장 부부의 이름을 따 '김병호·김삼열 IT융합센터'로 명명하겠다"고 말했다.

전북 부안에서 7남매 중 장남으로 태어난 김 회장은 가난 때문에 학업을 포기하고 17세에 돈 76원을 들고 상경했다. 식당 종업원과 운수회사 직원 등을 전전하면서 돈을 모으고 동생들을 교육시키느라 정작 자신은 공부의 때를 놓쳤다.

1988년 용인에 밤나무 농장인 서전농원을 세우기까지 그는 먹을 것도 제대로 먹지 못하며 고생을 해야 했다. 서전농원은 16만5,000㎡ 규모의 체험농장으로 5,200여 그루의 밤나무 단지와 사슴, 오리 등 동물사육장을 갖추고 있다.

그는 "남들이 다 사먹는 흔한 사카린 음료수조차 사먹지 않고 절약하며 재산을 모았다"며 "그러나 '버는 것은 기술, 쓰는 것은 예술'이라는 말처럼 어렵게 번 돈인 만큼 뜻 깊게 쓰고 싶었다"고 말했다. 김 회장은 앞서 2005년엔 고향 부안에 10억원을 기부해 '나누미 근농 장학재단'을 만들기도 했다.

그의 기부 결정에는 부인 김삼열(60)씨와 아들 김세윤(36)씨의 적극적인 지지가 뒷받침됐다. 지난달 27일 KAIST에 기부의사를 처음 밝힌 이메일을 보낸 것도 부인이었다. 김회장 부부와 아들은 시신기증운동에도 함께 동참했다.

이날 '기부 거장' 3인의 만남이 이뤄져 눈길을 끌었다. 2001년 KAIST에 300억원을 기부한 정문술(71) KAIST 이사장(전 미래산업 대표)은 김 회장에게 "멋진 일을 하셨다"고 박수를 보냈다. 김 회장은 "선배님의 길을 따라왔을 뿐"이라고 화답했다. 또 578억원을 기부했던 류 박사는 "전에는 여기저기 아팠는데 기부한 뒤로는 아픈 곳이 사라졌다"며 뇌졸중으로 쓰러진 적이 있는 김 회장에게 덕담을 건넸다.

서 총장은 "세 분은 한국의 기부 역사를 쓰신 분"이라며 "KAIST 뿐만 아니라 모든 국민이 감사할 것"이라고 말했다.

대전=전성우기자 swchun@hk.co.kr

한국일보 2009년 8월 13일자 '"과학강국 만들어 달라"… 300억대 부동산 기증'

300억 재산 쾌척한 김 대표 가족의 나눔정신

김병호 서전농원 대표가 평생 술·담배는 물론 음료수조차 사먹지 않을 만큼 검약해 모은 300억원 상당의 부동산을 KAIST에 쾌척한다는 소식이다. 어려운 집안 환경 탓에 초등학교 졸업이 학력의 전부인 그는 "KAIST가 세계 최고의 과학기술 인재를 양성해 국민 모두가 잘살 수 있는 나라를 만드는 데 보탬이 되는 것이 내 꿈"이라고 밝혔다. 어렵게 고생해 번 돈을 자기 소유라 여기지 않고 사회와 나라의 발전을 위해 아낌없이 내놓은 그의 숭고한 모습에 절로 고개가 숙여진다.

김 대표의 삶은 '버는 건 기술, 쓰는 건 예술'이라는 평소 신조 그대로였다. 자신에게 쓰는 돈은 한 푼도 아까워하면서 나눔에는 관대하기 이를 데 없었다. 그는 앞서 고향인 전북 부안군의 가난한 인재들을 위해 10억원을 들여 장학재단을 설립했다. 외아들이 서울대에 입학한 것을 기념해 온 가족이 서울대 의대에 사후 시신 기증을 약속하기도 했다.

그의 기부를 둘러싸고 부인과 아들이 흔쾌히 동의했다는 점 역시 아름답기 그지없는 풍경이다. 그간 기부를 결정한 뒤 가족과 불화를 겪는 사례가 적지 않았기 때문이다. 하지만 김 대표의 경우 초등학교 때부터 아들에게 "교육은 시켜주겠지만 아버지 재산을 물려받을 것이란 기대는 하지 말라"고 귀에 못이 박히도록 일러왔다고 한다. 그런 아버지 슬하에서 자란 아들은 이번 재산 환원을 반대하기는커녕 스스로 제3세계 아이들 10여 명을 후원하며 기부천사로 살고 있다. 돈보다 귀한 노블레스 오블리주의 정신을 자식에게 물려준 셈이다.

중앙일보 2009년 8월 14일자 사설 '300억 재산 쾌척한 김 대표 가족의 나눔정신'

"나눔의 기쁨을 함께하는 게 기부"

김삼열씨, 남편 이어 KAIST에 50억 쾌척

"무슨 일이든 처음엔 어려울지는 몰라도 두 번째는 쉬워요. 기부도 마찬가지라고 생각합니다."

19일 한국과학기술원(KAIST) 서울캠퍼스에서 서남표 KAIST 총장을 만나 50억원 상당의 부동산을 발전기금으로 쾌척한 김삼열 씨(61·왼쪽)의 소감이다. 그는 2009년 300억원 상당의 부동산을 KAIST에 기부한 김병호 서전농원 대표(70)의 부인이다.

김씨의 남편 김 대표는 '돈을 버는 것은 기술, 쓰는 것은 예술'이라는 신조를 바탕으로 2009년 8월 경기도 용인시에 있는 논밭 등 300억원 상당의 부동산을 KAIST에 기부한 바 있다.

KAIST 측은 "이번 기부 금액은 거액 기부자나 그 가족의 재기부 금액 가운데 가장 많은 금액"이라고 설명했다.

2009년 김 대표의 기부 금액은 올해 5월 착공한 KAIST의 '김병호·김삼열 IT융합센터' 건설에 사용됐다. 김씨는 "지난 기부가 국가 발전에 큰 도움이 됐다고 생각했다"며 "원래 내년 12월 IT융합센터가 완공될 때 추가로 기부하려고 했지만 KAIST가 기부 금액을 유용하게 사용하기를 바라는 마음에 조금이라도 빨리 기부하기로 했다"고 말했다.

이번에 김씨가 기부한 경기도 남양주시 부동산은 김씨 부부가 원래 별장을 지으려던 곳이다. 김씨는 "별장을 짓는 것도 좋지만 여러 사람과 나눔의 기쁨을 함께하는 것이 훨씬 가치 있는 것이라고 생각했다"며 이번 기부의 취지를 설명했다.

또 김씨는 "이번 기부를 통해 국가 발전은 물론 과학기술 발전을 이끌 KAIST 구성원을 생각하면서 기부에 대한 결심을 굳혔다"고 했다.

이번 기부로 아들 부부에게 조금은 미안한 생각이 들기도 한다는 김씨. 그러나 그는 "남편 역시 흔쾌히 내 뜻에 동조했기에 이번 기부가 이뤄질 수 있었다"며 가족에게 고마움을 나타냈다.

서남표 총장은 "이번 기부가 '기부 바이러스' 확산에 새로운 장을 마련해줄 것으로 기대한다"며 "김씨의 뜻이 오래 기억되도록 꼭 필요한 부분에 귀하게 쓰겠다"고 밝혔다.

조한필 기자

매일경제 2011년 9월 20일자 '"나눔의 기쁨을 함께하는 게 기부"'